I0019847

APRENDA RUBY ON RAILS

Crie Aplicações Web Eficientes com o Framework Ruby.
Dos Fundamentos às Aplicações Práticas.

Edição 2024

Diego Rodrigues

APRENDA RUBY ON RAILS
Crie Aplicações Web Eficientes com o Framework Ruby.
Dos Fundamentos às Aplicações Práticas.

Edição 2024
Autor: Diego Rodrigues
studiod21portoalegre@gmail.com

Nota Importante

Os códigos e scripts apresentados neste livro têm como principal objetivo ilustrar, de forma prática, os conceitos discutidos ao longo dos capítulos. Foram desenvolvidos para demonstrar aplicações didáticas em ambientes controlados, podendo, portanto, exigir adaptações para funcionar corretamente em contextos distintos. É responsabilidade do leitor validar as configurações específicas do seu ambiente de desenvolvimento antes da implementação prática.

Mais do que fornecer soluções prontas, este livro busca incentivar uma compreensão sólida dos fundamentos abordados, promovendo o pensamento crítico e a autonomia técnica. Os exemplos apresentados devem ser vistos como pontos de partida para que o leitor desenvolva suas próprias soluções, originais e adaptadas às demandas reais de sua carreira ou projetos. A verdadeira competência técnica surge da capacidade de internalizar os princípios essenciais e aplicá-los de forma criativa, estratégica e transformadora.

Estimulamos, portanto, que cada leitor vá além da simples reprodução dos exemplos, utilizando este conteúdo como base para construir códigos e scripts com identidade própria, capazes de gerar impacto significativo em sua trajetória profissional. Esse é o espírito do conhecimento aplicado: aprender profundamente para inovar com propósito.

Agradecemos pela confiança e desejamos uma jornada de estudo produtiva e inspiradora.

ÍNDICE

SOBRE O AUTOR

www.linkedin.com/in/diegoexpertai

Autor Best Seller Amazon, Diego Rodrigues é Consultor e Escritor Internacional especializado em Inteligência de Mercado, Tecnologia e Inovação. Com 42 certificações internacionais de instituições como IBM, Google, Microsoft, AWS, Cisco, e Universidade de Boston, Ec-Council, Palo Alto e META.

Rodrigues é expert em Inteligência Artificial, Machine Learning, Ciência de Dados, Big Data, Blockchain, Tecnologias de Conectividade, Ethical Hacking e Threat Intelligence.

Desde 2003, Rodrigues já desenvolveu mais de 200 projetos para marcas importantes no Brasil, EUA e México. Em 2024, ele se consolida como um dos maiores autores de livros técnicos do mundo da nova geração, com mais de 180 títulos publicados em seis idiomas.

PREFÁCIO: APRESENTAÇÃO DO LIVRO

Bem-vindo ao "APRENDA RUBY ON RAILS: Crie Aplicações Web Eficientes com o Framework Ruby - Dos Fundamentos às Aplicações Práticas", o guia mais completo e atualizado para aprender Ruby on Rails. Se você está lendo esta introdução, é provável que esteja em busca de uma maneira eficaz de dominar o desenvolvimento de aplicações web utilizando um dos frameworks mais poderosos e produtivos do mercado.

O Ruby on Rails revolucionou a maneira como desenvolvemos aplicativos web, simplificando processos complexos e permitindo que projetos sejam entregues com rapidez e eficiência. Rails é conhecido por ser um framework "opinionated", ou seja, ele fornece diretrizes claras e padrões de design que permitem que os desenvolvedores sigam o caminho mais eficiente e comprovado para atingir resultados. Isso faz com que Rails seja uma ferramenta essencial tanto para iniciantes quanto para profissionais experientes que buscam criar soluções robustas e escaláveis.

Por que aprender Ruby on Rails?

O mundo do desenvolvimento web evolui rapidamente, e aprender Ruby on Rails não é apenas uma habilidade técnica; é um diferencial competitivo. Este framework é amplamente utilizado por startups e grandes empresas ao redor do mundo, com exemplos notáveis como GitHub, Airbnb, Shopify e Basecamp, que construíram suas plataformas utilizando Rails.

Ao dominar este framework, você estará se posicionando como um desenvolvedor versátil, capaz de criar aplicações web de ponta a ponta, desde uma simples ideia até uma solução implementada em produção.

Além disso, Rails é conhecido pela sua filosofia de desenvolvimento ágil. Ao focar em convenções ao invés de configurações, o framework reduz a quantidade de decisões que você precisa tomar, permitindo que você se concentre no que realmente importa: entregar valor ao seu usuário final.

O que este livro oferece?

Este livro foi projetado para levar você, leitor, em uma jornada completa: desde os conceitos mais fundamentais de Ruby on Rails até a construção de aplicações reais e complexas. Estruturamos este material para que cada capítulo seja progressivo, ou seja, à medida que você avança, estará construindo uma base sólida e aplicando seus conhecimentos em exemplos práticos.

Se você é um desenvolvedor iniciante, encontrará um guia claro e acessível. Se já tem alguma experiência, verá como é fácil aprofundar seu conhecimento e aplicar novas técnicas para otimizar suas aplicações. Cada capítulo foi cuidadosamente elaborado para garantir que você tenha em mãos não apenas uma compreensão teórica, mas também o conhecimento prático necessário para enfrentar desafios reais no desenvolvimento web.

Quem deve ler este livro?

Este livro é ideal para desenvolvedores de todos os níveis, especialmente aqueles que desejam:

Aprender um framework poderoso e produtivo como o Ruby on

Rails.
Construir aplicações web rápidas, seguras e escaláveis.
Dominar desde os fundamentos até as aplicações avançadas de Rails.
Aumentar suas oportunidades de carreira como desenvolvedor web.
Visão Geral dos Capítulos

Agora, vamos explorar o que cada capítulo reserva para você:

Capítulo 1: Introdução ao Ruby on Rails Neste primeiro capítulo, você será apresentado ao mundo de Ruby on Rails, entendendo sua história e como ele evoluiu para se tornar o que é hoje. Você também aprenderá por que Rails é uma escolha popular para o desenvolvimento web moderno e como ele se diferencia de outros frameworks.

Capítulo 2: Ambiente de Desenvolvimento A configuração do ambiente de desenvolvimento é a base de todo projeto bem-sucedido. Aqui, você aprenderá como configurar Ruby on Rails em diferentes sistemas operacionais (Windows, macOS e Linux), garantindo que esteja preparado para começar a programar sem frustrações.

Capítulo 3: Estrutura de uma Aplicação Rails A organização é fundamental no desenvolvimento de software. Este capítulo explica a arquitetura MVC (Model-View-Controller) usada em Rails e a importância de entender a estrutura de pastas e arquivos do framework.

Capítulo 4: Iniciando um Projeto Rails Vamos colocar a mão na massa! Aprenda a iniciar um projeto Rails do zero, desde a criação de uma nova aplicação até a configuração de dependências. Este capítulo é a sua primeira experiência prática com Rails.

Capítulo 5: Models e Banco de Dados em Rails Aqui, você aprenderá sobre Active Record, o poderoso sistema de ORM (Object-Relational Mapping) de Rails. Este capítulo cobre como criar e gerenciar bancos de dados, assim como os relacionamentos entre tabelas.

Capítulo 6: Controllers e Actions Os controllers são o coração das suas aplicações Rails. Neste capítulo, você aprenderá como criar controllers, definir métodos e gerenciar requisições e respostas dentro da aplicação.

Capítulo 7: Views e Templates em Rails A camada de visualização é o que seus usuários veem. Aprenda a criar templates dinâmicos utilizando ERB (Embedded Ruby) e descubra como reutilizar componentes visuais através de partials e layouts.

Capítulo 8: Active Record Avançado Neste capítulo, você avançará no uso de Active Record, explorando validações, callbacks e consultas mais complexas, além de técnicas para otimizar o desempenho de queries.

Capítulo 9: Autenticação e Autorização A segurança é uma parte crucial de qualquer aplicação. Você aprenderá a implementar sistemas de autenticação e autorização, usando gemas como Devise e Pundit, para garantir que apenas usuários autorizados tenham acesso ao que precisam.

Capítulo 10: APIs RESTful com Rails APIs são uma parte essencial de qualquer aplicação moderna. Este capítulo ensina como criar APIs RESTful em Rails, permitindo que sua aplicação se comunique com outras plataformas e serviços.

Capítulo 11: Introdução ao Front-end com Rails Rails não é apenas sobre back-end. Aqui, você aprenderá como integrar front-end frameworks, como Bootstrap e Vue.js, e gerenciar assets como CSS e JavaScript de forma eficiente.

Capítulo 12: Testes Automatizados em Rails Garantir que seu código funcione conforme esperado é essencial. Aprenda a implementar testes automatizados com RSpec, garantindo a qualidade do código desde o início.

Capítulo 13: Envio de Emails com Rails O envio de emails é uma funcionalidade comum em muitas aplicações. Este capítulo cobre como configurar mailers e criar templates de email que podem ser usados para envio de mensagens transacionais ou notificações.

Capítulo 14: WebSockets e Rails WebSockets permitem a comunicação em tempo real. Aqui, você aprenderá a usar Action Cable para implementar funcionalidades como chat ou notificações em tempo real.

Capítulo 15: Tarefas Assíncronas e Background Jobs Para

aplicações mais eficientes, é importante delegar tarefas pesadas para processos em segundo plano. Aprenda a usar Sidekiq e Active Job para gerenciar tarefas assíncronas.

Capítulo 16: Deploy de Aplicações Rails Deployar sua aplicação pode ser um processo complicado. Neste capítulo, você aprenderá a fazer deploy de suas aplicações Rails em serviços como Heroku e AWS, e a automatizar o processo com Capistrano.

Capítulo 17: Segurança em Aplicações Rails A segurança de uma aplicação web é sempre uma prioridade. Este capítulo cobre as práticas essenciais para proteger sua aplicação contra ameaças como SQL Injection, CSRF e XSS.

Capítulo 18: Internacionalização e Localização Se você pretende lançar sua aplicação em diversos países, precisa entender como internacionalizá-la. Aprenda a usar o sistema de I18n de Rails para traduzir sua aplicação para múltiplos idiomas.

Capítulo 19: Performance e Escalabilidade Aplicações rápidas e escaláveis são essenciais para o sucesso. Este capítulo ensina técnicas de caching, otimização de consultas e escalabilidade horizontal.

Capítulo 20: Configuração e Gestão de Banco de Dados O banco de dados é o coração da sua aplicação. Aqui, você aprenderá a configurar e gerenciar bancos de dados robustos e escaláveis, como PostgreSQL e MySQL, garantindo a integridade dos dados.

Capítulo 21: Web Scraping com Ruby e Rails Se você precisa coletar dados da web, este capítulo ensinará as melhores práticas de web scraping usando ferramentas como Nokogiri e HTTParty.

Capítulo 22: Integração com APIs Externas Integrações com APIs de terceiros são comuns em muitos projetos. Aprenda a autenticar e consumir APIs externas, gerenciando tokens de acesso com segurança.

Capítulo 23: Trabalhando com Upload de Arquivos Sistemas que lidam com uploads de arquivos precisam ser eficientes. Aprenda a gerenciar uploads com Active Storage e a integrar serviços de armazenamento como AWS S3.

Capítulo 24: Docker e Rails O uso de contêineres facilita o desenvolvimento e a implantação de aplicações. Neste capítulo, você aprenderá a configurar um ambiente Rails usando Docker, facilitando a reprodução de ambientes.

Capítulo 25: Monitoração e Logs Monitorar sua aplicação em produção é essencial para identificar problemas. Aprenda a configurar ferramentas de monitoração e a analisar logs para otimizar o desempenho.

Capítulo 26: Desenvolvimento Orientado a Componentes Neste capítulo, você aprenderá a organizar seu código de forma modular, usando Rails Engines para separar funcionalidades em componentes independentes.

Capítulo 27: Construção de Marketplaces com Rails Marketplaces têm arquitetura própria. Aprenda a construir plataformas multi-sided, gerenciando perfis de usuários e integração de pagamentos com Stripe ou PayPal.

Capítulo 28: E-commerce com Ruby on Rails Este capítulo foca em como construir sistemas de e-commerce robustos, usando frameworks como Spree ou Solidus, e gerenciar produtos, pagamentos e inventários.

Capítulo 29: Integração Contínua e Entrega Contínua (CI/CD)** A integração contínua e a entrega contínua são práticas essenciais para garantir a qualidade e a agilidade do desenvolvimento de software. Neste capítulo, você aprenderá a configurar pipelines de CI/CD com ferramentas como GitHub Actions, Jenkins ou CircleCI, automatizando o processo de testes, builds e deploys. Isso permitirá que sua aplicação esteja sempre pronta para ser atualizada de forma rápida e sem problemas.

Capítulo 30: Manutenção e Atualização de Aplicações Rails O desenvolvimento de software não termina quando a aplicação está em produção. A manutenção contínua é vital para garantir que sua aplicação permaneça estável e segura à medida que o Ruby e o Rails evoluem. Neste capítulo final, você aprenderá as melhores práticas para manter sua aplicação Rails atualizada, gerenciar dependências com Bundler, realizar migrações de banco de dados seguras e garantir que suas atualizações sejam implementadas de maneira eficiente e sem interrupções.

Conclusão Final

Com este livro, você não apenas aprenderá Ruby on Rails, mas estará preparado para aplicar esse conhecimento na criação de aplicações web robustas, escaláveis e seguras. Desde a configuração do ambiente de desenvolvimento até a criação de APIs RESTful e a implementação de sistemas complexos como marketplaces e e-commerce, você terá em mãos todas as ferramentas necessárias para construir soluções web modernas e eficientes.

Se você seguiu até aqui, parabéns! Você já deu o primeiro passo para se tornar um desenvolvedor Rails completo. Este é o começo de uma jornada que o levará a criar aplicações que podem transformar ideias em realidades digitais. O mercado está em constante evolução, e as habilidades que você desenvolverá com este livro o colocarão à frente da curva.

Ruby on Rails é mais do que um framework; é uma maneira de pensar e desenvolver software de forma produtiva e ágil. Ao dominar este guia, você estará pronto para enfrentar desafios do mundo real e criar soluções que não apenas funcionam, mas também escalam e oferecem valor.

Agora, a próxima etapa está em suas mãos: continue explorando, praticando e aplicando os conhecimentos adquiridos. Boa sorte na sua jornada com Ruby on Rails, e que este seja apenas o início de muitas conquistas no mundo do desenvolvimento web!

CAPÍTULO 1: INTRODUÇÃO AO RUBY ON RAILS

História e evolução do Ruby on Rails

O surgimento do Ruby on Rails remonta a meados dos anos 2000, um período marcado por inovações no desenvolvimento web. Em 2004, David Heinemeier Hansson, um programador dinamarquês, apresentou o Ruby on Rails ao mundo como uma solução para otimizar e simplificar a criação de aplicações web. A ideia principal por trás do framework era permitir que os desenvolvedores pudessem trabalhar de maneira mais rápida e eficiente, seguindo um conjunto claro de convenções ao invés de precisarem definir cada aspecto de suas aplicações do zero.

Antes do Ruby on Rails, o desenvolvimento web costumava ser uma tarefa complexa e demorada. Os frameworks existentes exigiam uma série de configurações detalhadas e, muitas vezes, não possuíam padrões definidos. Rails, por outro lado, trouxe uma abordagem diferente ao introduzir a filosofia de "convenção sobre configuração" (Convention over Configuration). Isso significava que, ao invés de forçar os desenvolvedores a tomar uma série de decisões sobre como organizar suas aplicações, o framework já vinha com padrões estabelecidos, permitindo que as equipes se concentrassem em construir funcionalidades e não em reinventar a roda.

Outro conceito revolucionário que Ruby on Rails trouxe foi o princípio do DRY (Don't Repeat Yourself – Não se repita). A ideia era eliminar a duplicação de código, encorajando uma abordagem mais modular e eficiente ao escrever software. Isso reduzia a chance de erros e tornava o código mais fácil de manter, algo especialmente valioso em projetos de grande escala.

À medida que o tempo avançava, Ruby on Rails rapidamente conquistou adeptos, especialmente entre startups. Empresas como Twitter, GitHub e Shopify adotaram o framework nos estágios iniciais de suas plataformas, o que ajudou a consolidar Rails como uma escolha sólida para desenvolvimento rápido e eficaz. Além disso, Rails facilitava o lançamento de produtos mínimos viáveis (MVPs), que podiam ser testados rapidamente no mercado, possibilitando que empresas ajustassem suas soluções com base no feedback dos usuários em tempo recorde.

Ao longo dos anos, o framework continuou evoluindo, com atualizações regulares que garantiram sua relevância e competitividade. Novos recursos foram sendo adicionados, como o suporte a APIs RESTful, o uso de WebSockets para comunicação em tempo real, e o Action Cable, uma solução nativa para WebSockets dentro de Rails. Em 2024, Rails permanece um dos frameworks mais robustos e usados globalmente, continuando a influenciar o modo como desenvolvedores constroem suas aplicações.

O que é Ruby e por que usá-lo com Rails

Ruby é uma linguagem de programação dinâmica e orientada a objetos criada por Yukihiro Matsumoto em meados da década de 1990. Ela foi projetada para ser simples e natural, permitindo que os desenvolvedores escrevessem código legível e expressivo. Matsumoto foi claro desde o início sobre suas intenções com Ruby: criar uma linguagem que fosse não apenas poderosa, mas também divertida de usar. Essa filosofia se reflete até hoje na popularidade da linguagem, especialmente entre desenvolvedores que apreciam a combinação de simplicidade e flexibilidade.

Ruby é amplamente utilizado em diversas áreas do desenvolvimento de software, mas seu casamento perfeito com o framework Rails é um dos principais motivos para seu destaque. Rails foi projetado especificamente para Ruby, aproveitando as características dinâmicas da linguagem para criar um ambiente de desenvolvimento altamente produtivo. A sintaxe de Ruby é legível e intuitiva, o que permite que o código escrito em Rails seja elegante e conciso. Esse equilíbrio entre simplicidade e poder é um dos motivos pelos quais Ruby on Rails se tornou uma escolha tão popular entre desenvolvedores de todos os níveis de habilidade.

Um dos aspectos mais poderosos de Ruby é sua capacidade de metaprogramação. Isso significa que os desenvolvedores podem escrever código que modifica ou cria outros códigos durante a execução, oferecendo um nível de flexibilidade que poucas linguagens possuem. Rails tira proveito dessa capacidade para automatizar várias tarefas que, em outros frameworks, teriam que ser feitas manualmente. Por exemplo, ao criar um modelo em Rails, o framework automaticamente gera métodos de acesso para os atributos do banco de dados, sem que o desenvolvedor precise escrevê-los.

Ruby também adota uma abordagem orientada a objetos em sua essência. Tudo em Ruby é um objeto, o que permite uma consistência na maneira como os desenvolvedores interagem com a linguagem. Isso se alinha perfeitamente com Rails, que segue o paradigma de desenvolvimento orientado a objetos para estruturar suas aplicações. Ao combinar Ruby com Rails, os desenvolvedores conseguem criar soluções robustas, escaláveis e fáceis de manter, enquanto ainda aproveitam a legibilidade e elegância do código Ruby.

Comparação com outros frameworks

Rails não foi o primeiro framework a surgir, e certamente não é o único disponível em 2024. No entanto, o que faz de Rails uma escolha tão atrativa, especialmente em comparação com outros frameworks populares, é sua filosofia de desenvolvimento e o conjunto de ferramentas que oferece.

Um dos concorrentes mais comuns de Rails é o **Django**, um framework Python que também segue o padrão MVC. Django é famoso por sua robustez e segurança, sendo a escolha de grandes empresas como Instagram e Pinterest. No entanto, a abordagem de Django tende a ser mais "fechada" em comparação com Rails, com menos flexibilidade em termos de personalização. Enquanto Rails permite que os desenvolvedores modifiquem quase todos os aspectos do framework, Django adota uma abordagem mais rígida, o que pode ser vantajoso em alguns contextos, mas limitador em outros.

Outro concorrente importante é o **Laravel**, um framework PHP. Laravel compartilha muitas semelhanças com Rails, incluindo o uso do padrão MVC e a ênfase em uma sintaxe limpa e legível. Ambos os frameworks têm comunidades ativas e oferecem uma ampla gama de bibliotecas e extensões para expandir suas funcionalidades. No entanto, Rails se destaca em termos de produtividade e facilidade de uso. Laravel é conhecido por exigir uma curva de aprendizado mais íngreme, especialmente para desenvolvedores que estão começando.

Node.js e **Express.js** também são frequentemente comparados com Rails. Node.js, com sua capacidade de manipular grandes volumes de requisições simultâneas graças ao seu modelo de execução assíncrona, tem se tornado uma escolha comum para aplicações que demandam alta performance. No entanto, a abordagem minimalista de frameworks como Express.js significa que os desenvolvedores precisam configurar manualmente várias partes do sistema, o que pode desacelerar o desenvolvimento inicial. Rails, por outro lado, oferece uma solução mais "baterias incluídas", com uma série de ferramentas e convenções que facilitam o desenvolvimento desde o início do projeto.

Outra comparação interessante é com **Spring Boot**, um framework baseado em Java. Spring é amplamente utilizado em ambientes corporativos devido à robustez e escalabilidade que o Java oferece. No entanto, o desenvolvimento com Spring Boot tende a ser mais complexo e pesado em comparação com Rails. Empresas que priorizam rapidez no desenvolvimento e lançamento de produtos muitas vezes optam por Rails, pois ele permite a criação de MVPs em um tempo significativamente menor.

Rails também se diferencia de frameworks como **Flask** (Python) e **Sinatra** (Ruby), que são microframeworks voltados para a simplicidade e flexibilidade. Enquanto Flask e Sinatra são ideais para projetos menores ou mais simples, Rails é projetado para lidar com projetos de médio e grande porte, oferecendo uma infraestrutura robusta e escalável desde o início.

Um dos maiores trunfos de Ruby on Rails em relação a esses outros frameworks é a sua comunidade. Rails tem uma das comunidades mais ativas e colaborativas, com uma vasta quantidade de recursos disponíveis, incluindo gemas (bibliotecas) que podem ser facilmente integradas às aplicações. A riqueza desse ecossistema permite que desenvolvedores acelerem o processo de desenvolvimento, adicionando funcionalidades complexas com apenas alguns comandos.

Finalmente, um aspecto em que Rails se destaca é a sua longevidade. Enquanto muitos frameworks surgiram e desapareceram ao longo dos anos, Rails continua evoluindo, se adaptando às novas necessidades do mercado sem perder suas principais características. Isso garante que, mesmo em 2024, Rails ainda seja uma das escolhas mais seguras e confiáveis para o desenvolvimento web.

Com uma combinação de história sólida, uma linguagem flexível e expressiva como Ruby, e um conjunto abrangente de ferramentas e convenções, Ruby on Rails permanece uma das opções mais poderosas para desenvolvedores que desejam criar aplicações web modernas e escaláveis.

CAPÍTULO 2: AMBIENTE DE DESENVOLVIMENTO

Instalação do Ruby e Rails no Windows, macOS e Linux

Um ambiente de desenvolvimento sólido é o primeiro passo para garantir que o processo de criação de uma aplicação web seja eficiente e sem complicações. Ruby on Rails é compatível com várias plataformas, e instalar corretamente tanto o Ruby quanto o Rails é fundamental para o sucesso do seu projeto. Embora as etapas básicas de instalação sejam similares, cada sistema operacional possui peculiaridades que devem ser consideradas.

No **Windows**, o processo de instalação de Ruby on Rails envolve o uso do RubyInstaller, uma ferramenta que automatiza a instalação do Ruby e adiciona ferramentas auxiliares, como DevKit, que é essencial para compilar extensões nativas. O RubyInstaller pode ser obtido diretamente no site oficial, e a instalação é simples e direta. Uma vez instalado o Ruby, a instalação do Rails é feita através do RubyGems, o sistema de gerenciamento de pacotes do Ruby. Utilizando o comando gem install rails, a versão mais recente do Rails será baixada e configurada no sistema. No entanto, em ambientes Windows, é altamente recomendável o uso do WSL (Windows Subsystem for Linux), que permite a criação de um ambiente de desenvolvimento mais parecido com o Linux, o que facilita a compatibilidade com várias ferramentas utilizadas no ecossistema Rails.

No **macOS**, o processo de instalação é igualmente simples, porém, com algumas vantagens em relação ao Windows. O macOS já vem com uma versão do Ruby pré-instalada, mas ela tende a ser uma versão desatualizada. Para garantir que você está utilizando a versão mais recente, recomenda-se o uso de um gerenciador de versões de Ruby, como o **rbenv** ou **RVM** (Ruby Version Manager), que serão discutidos em detalhes mais à frente. A instalação do rbenv pode ser feita via Homebrew, um gerenciador de pacotes popular no macOS. Após a instalação do rbenv, é possível instalar a versão mais recente do Ruby, e logo em seguida, utilizar o RubyGems para instalar o Rails.

No **Linux**, o processo é semelhante ao do macOS, com algumas diferenças na forma como os pacotes são gerenciados. A maioria das distribuições Linux, como Ubuntu ou Fedora, inclui versões desatualizadas do Ruby nos repositórios padrão. Assim como no macOS, é recomendável o uso de rbenv ou RVM para gerenciar as versões do Ruby e garantir que o sistema utilize sempre a mais recente. No Ubuntu, por exemplo, a instalação do rbenv pode ser feita com o comando sudo apt install rbenv, seguido pela instalação do Ruby e, em seguida, do Rails através do RubyGems.

Esses métodos de instalação não só garantem que o ambiente está pronto para o desenvolvimento, mas também oferecem flexibilidade, permitindo que diferentes versões do Ruby e Rails sejam utilizadas em diferentes projetos sem conflito.

Configuração de um ambiente de desenvolvimento eficiente

Instalar o Ruby e Rails é apenas o primeiro passo; configurar um ambiente de desenvolvimento eficiente é crucial para garantir que você possa trabalhar de forma produtiva e organizada. Um ambiente bem configurado não apenas melhora a eficiência, mas também reduz os riscos de erros ou incompatibilidades entre as ferramentas e o código.

Começando pelo editor de código, **Visual Studio Code (VS Code)** é uma das escolhas mais populares para desenvolvimento em Ruby on Rails. Seu suporte para extensões, como o Ruby Solargraph, permite autocompletar códigos, detectar erros de sintaxe e navegar facilmente pelos métodos e classes do Ruby. Além disso, o VS Code possui uma integração nativa com Git, facilitando o gerenciamento de versões diretamente do editor.

Outra excelente opção é o **Sublime Text**, conhecido por sua leveza e velocidade. Embora não tenha tantas funcionalidades nativas quanto o VS Code, o Sublime Text pode ser facilmente customizado com pacotes como **RubyTest**, que permite executar testes diretamente do editor, e **Emmet**, que melhora a produtividade ao trabalhar com HTML e CSS nas views do Rails.

Independente do editor escolhido, é essencial garantir que o ambiente esteja bem integrado com outras ferramentas de produtividade, como o Git, que é a espinha dorsal do controle de versão em quase todos os projetos de Rails. O Git deve ser configurado corretamente, e uma prática comum é definir um repositório remoto no GitHub ou GitLab para backup e colaboração com outros desenvolvedores.

Além do controle de versão, outra ferramenta indispensável para um ambiente de desenvolvimento Rails é o **Bundler**. O Bundler é responsável por gerenciar as dependências da aplicação. Ele garante que todas as gems (bibliotecas Ruby) necessárias sejam instaladas e utilizadas na versão correta, evitando conflitos entre diferentes versões de bibliotecas. Ao rodar o comando bundle install, todas as dependências listadas no Gemfile do projeto são instaladas e configuradas corretamente. O Bundler também facilita a criação de ambientes isolados para cada projeto, o que é fundamental para o desenvolvimento de múltiplos projetos Rails ao mesmo tempo.

Para quem utiliza múltiplas versões do Ruby em diferentes projetos, ferramentas como o **rbenv** ou o **RVM** são indispensáveis. O **rbenv** permite instalar e alternar entre diferentes versões do Ruby facilmente. Em um projeto, você pode estar utilizando a versão 3.0.2, enquanto em outro, a 2.7.6. O **RVM** é outra alternativa que também permite gerenciar múltiplas versões do Ruby, mas com algumas funcionalidades extras, como o gerenciamento de gemsets, que permitem isolar completamente as gems instaladas para cada versão do Ruby. Isso evita conflitos entre projetos e facilita a manutenção de um ambiente de desenvolvimento limpo e organizado.

Uso de ferramentas essenciais: Git, bundler, rbenv/rvm

O controle de versão é uma prática fundamental no desenvolvimento de software, e o **Git** é a ferramenta mais utilizada para isso. Com o Git, você pode manter um histórico de todas as alterações feitas no código, o que permite reverter mudanças caso algo dê errado, além de facilitar o trabalho em equipe. Para utilizar o Git de maneira eficaz, é importante adotar algumas práticas recomendadas, como commits frequentes e bem descritos, que tornam o histórico de alterações claro e fácil de seguir.

A criação de branches é outra prática comum, especialmente em projetos colaborativos. Branches permitem que diferentes desenvolvedores trabalhem em funcionalidades separadas sem interferir no código principal. Ao utilizar o comando git checkout -b feature/nova-funcionalidade, você pode criar uma nova branch para desenvolver uma funcionalidade específica. Ao concluir, basta realizar um pull request (PR) para mesclar suas mudanças com o código principal, após a revisão por outros membros da equipe.

Para garantir que o ambiente de desenvolvimento seja sempre reproduzível, o **Bundler** é uma ferramenta essencial no ecossistema Ruby on Rails. O Bundler garante que todas as dependências do projeto sejam instaladas corretamente, e na versão exata necessária. Isso evita o temido "funciona na minha máquina" que acontece quando desenvolvedores utilizam diferentes versões de bibliotecas. Ao definir todas as gems no Gemfile, o Bundler cuida do resto. O uso do comando bundle install assegura que o ambiente de todos os desenvolvedores ou servidores de produção seja idêntico, eliminando problemas de inconsistência.

Outro benefício do Bundler é a possibilidade de travar as versões das gems utilizadas, garantindo que futuras atualizações não quebrem a compatibilidade do código. Ao rodar o comando `bundle exec rails s`, por exemplo, você garante que a versão do Rails definida no Gemfile seja usada, e não qualquer outra versão instalada no sistema.

Por fim, o **rbenv** e o **RVM** são ferramentas fundamentais para gerenciar versões do Ruby. Ambos permitem que você instale e alterne entre diferentes versões do Ruby com facilidade, garantindo que seus projetos utilizem sempre a versão correta da linguagem. Enquanto o **rbenv** é mais minimalista e foca na troca de versões, o **RVM** oferece uma série de funcionalidades adicionais, como a possibilidade de criar **gemsets**, ambientes isolados de gems para cada projeto. Isso é especialmente útil quando você trabalha com projetos diferentes que dependem de versões diferentes de uma mesma gem.

Com um ambiente de desenvolvimento bem configurado, ferramentas como Git, Bundler, rbenv e RVM ajudam a automatizar tarefas que poderiam consumir muito tempo e gerar erros. Essas ferramentas garantem que o código seja gerenciado de forma eficiente, as dependências sejam controladas e o ambiente seja consistente entre diferentes máquinas e desenvolvedores.

Ter um ambiente de desenvolvimento bem ajustado desde o início permite que você se concentre no que realmente importa: construir e otimizar suas aplicações Rails. Quando todas as ferramentas estão configuradas corretamente, o processo de desenvolvimento flui naturalmente, eliminando obstáculos e reduzindo o tempo gasto com tarefas manuais. Isso resulta em uma experiência de desenvolvimento mais agradável e produtiva, além de minimizar os riscos de problemas que possam surgir durante a criação e manutenção de suas aplicações.

Assim, cada etapa da configuração, desde a instalação de Ruby e Rails até o uso de ferramentas como Git e Bundler, contribui para um fluxo de trabalho eficiente e bem organizado, essencial para qualquer desenvolvedor que deseja criar soluções robustas e escaláveis com Ruby on Rails.

CAPÍTULO 3: ESTRUTURA DE UMA APLICAÇÃO RAILS

Arquitetura MVC (Model-View-Controller) em Rails

A estrutura de uma aplicação Rails é inteiramente baseada no padrão de arquitetura MVC (Model-View-Controller), uma abordagem que separa a lógica da aplicação em três componentes principais: Modelos, Visualizações e Controladores. Cada uma dessas camadas tem um papel bem definido, proporcionando uma organização clara do código e facilitando a manutenção e o desenvolvimento em equipe.

O **Model** é a camada responsável pela interação com o banco de dados. Ele define os dados e as regras de negócio da aplicação, cuidando da validação, associações e operações CRUD (criar, ler, atualizar e excluir). No Rails, o **Active Record** é a implementação padrão do padrão ORM (Object-Relational Mapping), que mapeia objetos Ruby em tabelas do banco de dados, simplificando o trabalho com dados de forma eficiente e elegante. O Active Record não só gerencia os dados, mas também lida com as relações entre os modelos, como associações belongs_to, has_many e has_one, permitindo que as interações complexas entre os dados sejam realizadas de maneira direta.

A **View** é a segunda camada e é responsável por renderizar a interface visual que o usuário final verá. As views em Rails são compostas principalmente de arquivos HTML com embedded Ruby (ERB), o que permite que dados dinâmicos sejam inseridos nas páginas de forma elegante. Essa camada é onde o HTML, CSS e JavaScript se encontram para formar a parte visual da aplicação. A separação clara entre lógica de negócio e a apresentação garante que as alterações na interface possam ser feitas sem interferir na lógica subjacente da aplicação.

O **Controller** é a camada intermediária, responsável por coordenar as interações entre os modelos e as views. Quando um usuário faz uma requisição (por exemplo, acessando uma página ou enviando um formulário), o controlador processa essa requisição, interage com o modelo para obter ou manipular dados e, finalmente, decide qual view será renderizada. Cada ação em um controlador representa uma interação possível na aplicação, como exibir uma lista de registros, processar um formulário de criação ou editar um item existente.

Esse padrão MVC permite uma organização clara do código, distribuindo responsabilidades entre diferentes partes da aplicação. Um dos maiores benefícios é a facilidade com que novas funcionalidades podem ser adicionadas sem comprometer outras partes do sistema, o que aumenta a escalabilidade e a facilidade de manutenção.

Pastas e arquivos principais em uma aplicação Rails

Uma das características que torna o Rails tão poderoso é sua organização clara e consistente dos arquivos. Quando você cria uma nova aplicação Rails, o framework gera automaticamente uma estrutura de pastas que segue padrões rigorosos. Essa estrutura padronizada facilita a colaboração entre desenvolvedores e garante que qualquer pessoa familiarizada com Rails consiga navegar facilmente por uma aplicação, mesmo que nunca tenha trabalhado nela antes.

Na raiz do projeto, encontram-se diversas pastas importantes:

- **app/**: A pasta mais importante de toda a aplicação, contém o código essencial da aplicação, dividida em subpastas como models/, views/ e controllers/, que seguem a arquitetura MVC.

- o **app/models/**: Aqui é onde todos os modelos da aplicação são armazenados. Cada arquivo nesta pasta representa uma tabela no banco de dados e define as associações, validações e métodos para interagir com os dados.

- o **app/views/**: Esta pasta contém os templates HTML que serão exibidos para o usuário. Cada view corresponde a uma ação de um controlador e é normalmente organizada em subpastas que correspondem aos controladores.

- o **app/controllers/**: A pasta onde os controladores ficam armazenados. Cada arquivo controlador gerencia as requisições de uma determinada parte da aplicação, coordenando a lógica de negócio e a apresentação.

- o **app/helpers/**: Nesta pasta, são armazenados arquivos que contêm métodos auxiliares usados pelas views. Os helpers são úteis para abstrair código repetitivo ou mais complexo, facilitando a manutenção das views.

- o **app/assets/**: Onde ficam armazenados os arquivos estáticos, como imagens, folhas de estilo (CSS) e arquivos JavaScript. Esses arquivos são compilados e servidos para o navegador quando a aplicação está em execução.

- • **config/**: Esta pasta contém todos os arquivos de configuração da aplicação. Aqui é possível definir as rotas da aplicação, configurar bancos de dados, definir parâmetros de ambiente e ajustar outras configurações globais.

- ○ **config/routes.rb**: O arquivo onde todas as rotas da aplicação são definidas. As rotas são responsáveis por mapear URLs para controladores e ações específicos.

- ○ **config/database.yml**: O arquivo de configuração do banco de dados, onde são definidos os parâmetros de conexão para diferentes ambientes (desenvolvimento, teste e produção).

- ○ **config/environments/**: Cada ambiente de execução (desenvolvimento, teste e produção) tem seu próprio arquivo de configuração, onde comportamentos específicos podem ser definidos para cada um deles.

- **db/**: Contém os arquivos relacionados ao banco de dados, incluindo as migrações, que são scripts que definem como o banco de dados deve ser estruturado e atualizado ao longo do tempo.

  - ○ **db/migrate/**: Cada migração é responsável por criar, modificar ou remover tabelas no banco de dados. O Rails gera automaticamente esses arquivos quando novos modelos ou colunas são adicionados.

  - ○ **db/seeds.rb**: Este arquivo permite que você insira dados iniciais no banco de dados. Isso é útil para popular a aplicação com informações básicas durante a fase de desenvolvimento ou para configurar dados padrão em produção.

- **lib/**: A pasta onde módulos e bibliotecas que não fazem parte do MVC padrão podem ser armazenados. Se você criar classes ou módulos que encapsulam lógica complexa, é aqui que eles devem ser colocados.

- ○ **lib/tasks/**: Scripts de tarefas Rake personalizados que podem ser executados manualmente ou programaticamente para realizar tarefas como manutenção, importação de dados ou cálculos complexos.

- **public/**: Contém arquivos estáticos que serão servidos diretamente pelo servidor web. Por exemplo, imagens ou arquivos HTML estáticos podem ser colocados aqui. Ao contrário dos arquivos em app/assets/, esses arquivos não passam por um pipeline de compilação.

- **test/** ou **spec/**: Dependendo da abordagem de testes escolhida (Unit Tests com o framework de testes padrão do Rails ou testes com RSpec), esses diretórios conterão os testes automatizados para a aplicação.

Essa estrutura de pastas bem definida é uma das razões pelas quais o Rails é tão eficiente para desenvolvedores. A organização padrão impõe uma disciplina que facilita o desenvolvimento e a colaboração em grandes equipes, além de garantir que novas funcionalidades possam ser facilmente adicionadas sem comprometer a estrutura existente.

Como funciona o roteamento em Rails

O **roteamento** é uma das funcionalidades centrais em uma aplicação web, e no Rails ele é tratado de maneira muito eficiente. A função do roteamento é mapear as requisições HTTP para ações específicas nos controladores. Em uma aplicação Rails, isso é feito no arquivo config/routes.rb.

O Rails usa o padrão RESTful para gerenciar rotas, o que significa que as URLs são organizadas de maneira lógica e intuitiva. Cada recurso da aplicação (como usuários, produtos ou pedidos) tem suas rotas associadas a ações padrão, como exibir, criar, atualizar e excluir. Essas ações são mapeadas para métodos

HTTP (GET, POST, PATCH, DELETE), criando uma estrutura clara e consistente para interações com a aplicação.

Por exemplo, uma rota RESTful para o recurso "usuários" pode ser configurada da seguinte maneira:

ruby

```
resources :users
```

Isso gera automaticamente todas as rotas RESTful para o controlador de usuários, incluindo:

- **GET /users** (index) – Exibe uma lista de usuários.

- **GET /users/**
  (show) – Exibe um único usuário.

- **GET /users/new** (new) – Exibe o formulário para criar um novo usuário.

- **POST /users** (create) – Cria um novo usuário.

- **GET /users/**
  /edit (edit) – Exibe o formulário para editar um usuário existente.

- **PATCH/PUT /users/**
  (update) – Atualiza um usuário existente.

- **DELETE /users/**
  (destroy) – Exclui um usuário.

Essa abordagem RESTful simplifica a criação e manutenção de rotas, pois o desenvolvedor não precisa definir manualmente cada uma delas. No entanto, quando necessário, rotas personalizadas também podem ser definidas para lidar com casos de uso específicos.

Além das rotas padrão, o Rails permite a criação de rotas nomeadas, que facilitam a geração de URLs em views e controladores. Por exemplo, a rota resources :users gera automaticamente métodos auxiliares como users_path e new_user_path, que podem ser usados no código para criar links ou redirecionamentos de maneira limpa e sem a necessidade de codificar URLs manualmente.

O roteamento em Rails também permite a manipulação de parâmetros dinâmicos. Parâmetros, como IDs ou slugs, podem ser passados diretamente na URL, o que facilita a criação de URLs amigáveis ao usuário. Por exemplo, uma rota como GET / articles/:id permite que o ID de um artigo específico seja extraído da URL e utilizado no controlador para buscar o registro correto no banco de dados.

Para aplicações mais complexas, o Rails também suporta rotas aninhadas. Isso é útil quando há recursos que dependem de outros recursos, como uma aplicação onde os "comentários" são sempre associados a "artigos". Usar rotas aninhadas permite uma organização mais clara e lógica das rotas.

A estrutura de uma aplicação Rails, baseada no padrão MVC, fornece uma base sólida para o desenvolvimento de aplicações web. A separação de responsabilidades entre modelos, views e controladores não apenas facilita a manutenção, mas também melhora a colaboração entre desenvolvedores. A organização clara dos arquivos e pastas permite que qualquer desenvolvedor familiarizado com Rails possa navegar facilmente por uma aplicação, promovendo uma abordagem eficiente e escalável para o desenvolvimento web.

O roteamento eficiente e a capacidade de trabalhar com URLs dinâmicas e RESTful garantem que as aplicações Rails sejam não apenas funcionais, mas também intuitivas e amigáveis para o usuário. Ao compreender a estrutura fundamental e as práticas recomendadas no desenvolvimento de aplicações Rails, você estará bem equipado para criar soluções inovadoras e impactantes no mundo do desenvolvimento web.

CAPÍTULO 4: INICIANDO UM PROJETO RAILS

Criando sua primeira aplicação Rails

Iniciar um projeto Rails é um dos passos mais empolgantes no desenvolvimento de software. Com poucos comandos, você pode configurar o esqueleto de uma aplicação poderosa e escalável, pronto para ser expandido com funcionalidades. Graças à simplicidade e eficiência do Rails, esse processo é rápido e direto, mesmo para aqueles que estão se aventurando pela primeira vez no framework.

A primeira etapa para começar um projeto Rails é garantir que você tenha tanto o Ruby quanto o Rails instalados corretamente em seu sistema. Depois de configurar o ambiente de desenvolvimento, criar uma nova aplicação é feito utilizando o comando rails new. Esse comando gera a estrutura básica de pastas e arquivos que compõem o esqueleto de uma aplicação Rails.

Por exemplo, ao rodar rails new blog_app, uma nova aplicação Rails chamada "blog_app" será criada. Este comando não só cria a estrutura básica, como também define arquivos de configuração e cria uma pasta para o projeto. Dentro dessa pasta, o Rails gera automaticamente diretórios para models, views, controllers, arquivos de configuração e outros elementos essenciais da aplicação. Tudo isso é feito seguindo a arquitetura MVC, garantindo que o código esteja bem organizado desde o início.

Ao executar esse comando, você pode optar por incluir ou excluir determinadas opções, dependendo das necessidades do seu projeto. Por exemplo, a flag --skip-test permite ignorar a geração de arquivos de teste se você planeja usar outra ferramenta para testes. A flag --api é usada quando você está criando uma API e não precisa de views ou layouts HTML. A flexibilidade que o Rails oferece permite adaptar a estrutura gerada às necessidades específicas do projeto.

Após criar a aplicação, o Rails configura automaticamente um servidor web embutido, que pode ser inicializado com o comando rails server ou rails s. Esse servidor local permite que você veja sua aplicação em funcionamento diretamente no navegador. A partir do momento em que o servidor está em execução, acessar http://localhost:3000 no navegador apresentará a página inicial da sua aplicação Rails, confirmando que o projeto foi criado com sucesso.

Gerenciamento de dependências com Gemfile

Um dos aspectos que tornam Rails tão poderoso é sua capacidade de integrar facilmente bibliotecas e funcionalidades adicionais. Isso é feito através do uso de **gems**, que são bibliotecas de código Ruby que podem ser incluídas em um projeto para adicionar funcionalidades ou simplificar tarefas repetitivas. Para gerenciar essas dependências, Rails utiliza um arquivo chamado Gemfile.

O **Gemfile** é onde todas as dependências da sua aplicação são listadas. Cada linha no arquivo especifica uma gem que será usada pelo Rails. O Bundler, uma ferramenta integrada ao Rails, lê esse arquivo e garante que todas as gems sejam instaladas na versão correta. Isso assegura que todos os desenvolvedores de um projeto estejam utilizando as mesmas versões das dependências, eliminando possíveis problemas de incompatibilidade.

Quando um novo projeto Rails é criado, o Gemfile já vem com várias gems padrão, incluindo:

- **rails**: A própria gem do framework Rails.

- **sqlite3**: O banco de dados padrão utilizado em ambientes de desenvolvimento e teste (embora, em produção, você possa optar por usar PostgreSQL ou MySQL).

- **puma**: O servidor web padrão para aplicações Rails.

- **sassc-rails**: Usado para processar folhas de estilo escritas em Sass.

- **webpacker**: Responsável pelo gerenciamento de arquivos JavaScript modernos.

- **turbo-rails** e **stimulus-rails**: Gems que facilitam a criação de interfaces dinâmicas e reativas.

Cada uma dessas gems tem um papel importante no funcionamento da aplicação Rails, mas é comum adicionar novas gems ao longo do desenvolvimento. Por exemplo, se você quiser adicionar autenticação de usuários à sua aplicação, pode incluir a gem **Devise** no Gemfile. Para melhorar o layout visual, a gem **Bootstrap** pode ser adicionada, juntamente com o Webpacker para gerenciar arquivos CSS e JavaScript.

Adicionar uma gem ao Gemfile é simples. Basta incluir a linha correspondente à gem desejada e rodar o comando bundle install. O Bundler então faz o download e instala a versão correta da gem, além de verificar suas dependências. Por exemplo:

ruby

```
gem 'devise'
gem 'bootstrap', '~> 5.0'
```

Além disso, o Gemfile permite que você especifique diferentes gems para diferentes ambientes. Por exemplo, em ambientes de desenvolvimento, você pode querer usar gems que ajudam no debugging ou na geração de dados de teste, mas que não são necessárias em produção. Isso pode ser feito utilizando blocos de código específicos no Gemfile, como:

ruby

```
group :development do
  gem 'pry-rails'
  gem 'faker'
end
```

A gem **pry-rails** é uma ferramenta de debugging interativa, enquanto **faker** é usada para gerar dados fictícios. Ambos são úteis em desenvolvimento, mas não são necessários quando a aplicação está em produção.

Com o gerenciamento de dependências feito pelo Bundler e o Gemfile, Rails garante que você possa adicionar e atualizar bibliotecas de maneira controlada e segura, mantendo a consistência do projeto.

Introdução ao Rails CLI e seus comandos principais

O **Rails CLI** (Command Line Interface) é uma ferramenta poderosa que facilita o desenvolvimento e a manutenção de projetos Rails. Com ele, você pode realizar uma série de tarefas, desde a criação de novos modelos e controladores até a execução de migrações de banco de dados e a inicialização do servidor.

Ao criar um novo projeto Rails, o primeiro comando que você provavelmente vai utilizar é rails new, como mencionado anteriormente. Porém, o Rails CLI oferece muito mais. A seguir, estão alguns dos comandos mais importantes e úteis para o dia a dia de um desenvolvedor Rails.

- **rails server** ou **rails s**: Inicializa o servidor web local.

Quando você está trabalhando em uma aplicação Rails, é comum rodar o servidor local para ver as mudanças em tempo real no navegador. O servidor escuta, por padrão, na porta 3000 (http://localhost:3000).

- **rails console** ou **rails c**: Abre um console interativo, onde você pode executar comandos Ruby e manipular diretamente os modelos e dados da sua aplicação. Isso é extremamente útil para testar rapidamente novos métodos, consultar o banco de dados ou depurar problemas.

- **rails generate** ou **rails g**: Um dos comandos mais usados no Rails, rails generate permite gerar código automaticamente para vários componentes do projeto. Por exemplo, ao rodar rails generate model User, o Rails cria um novo modelo User, junto com a migração correspondente no banco de dados. Isso economiza tempo e reduz a chance de erros. Outros exemplos incluem a geração de controladores (rails g controller) e views.

- **rails db**
: Executa todas as migrações pendentes no banco de dados, aplicando as mudanças definidas nos arquivos de migração. Cada vez que um novo modelo é criado ou que o esquema de banco de dados é alterado, uma nova migração é gerada, e o comando rails db:migrate aplica essas mudanças no banco de dados.

- **rails routes**: Exibe todas as rotas definidas na aplicação, mostrando quais URLs correspondem a quais controladores e ações. Isso é muito útil para verificar rapidamente como as requisições estão sendo roteadas.

- **rails test**: Executa a suíte de testes da aplicação. No Rails, é incentivado o uso de testes automatizados para garantir que o código funcione conforme o esperado. O comando rails test roda todos os testes definidos na aplicação, informando se algum teste falhou.

Além desses comandos, o Rails CLI oferece uma série de opções e flags que podem ser usadas para customizar ainda mais o comportamento dos comandos. Por exemplo, ao gerar um modelo, é possível especificar os campos diretamente na linha de comando, como rails generate model User name:string email:string. Isso cria automaticamente os atributos name e email no modelo User e na migração associada, economizando tempo e esforço.

Outro aspecto interessante do Rails CLI é a capacidade de criar suas próprias tarefas personalizadas. Utilizando o Rake, uma ferramenta integrada ao Rails, você pode definir tarefas que automatizam processos específicos. Isso pode ser útil para tarefas repetitivas, como limpar o banco de dados, gerar relatórios ou enviar emails.

Com essas ferramentas à sua disposição, o Rails CLI agiliza consideravelmente o desenvolvimento de uma aplicação, fornecendo atalhos para muitas tarefas comuns e ajudando a manter o projeto organizado e eficiente. Ao dominar o Rails CLI, você se torna mais produtivo, economizando tempo e evitando a repetição de tarefas manuais.

Criar uma nova aplicação Rails, gerenciar dependências com o Gemfile e explorar o Rails CLI são apenas os primeiros passos na construção de soluções robustas e escaláveis com Ruby on Rails. Com essas fundações estabelecidas, o caminho está aberto para expandir a aplicação, adicionar funcionalidades avançadas e otimizar seu desempenho ao longo do tempo.

CAPÍTULO 5: MODELS E BANCO DE DADOS EM RAILS

Definição de models e Active Record

Uma das maiores vantagens de trabalhar com Rails é a integração robusta e simplificada entre a aplicação e o banco de dados. O Rails utiliza o **Active Record**, um poderoso ORM (Object-Relational Mapping) que mapeia objetos do Ruby para tabelas no banco de dados, permitindo que você trabalhe com os dados de maneira orientada a objetos sem a necessidade de escrever consultas SQL manualmente.

Os **models** em Rails são a representação das tabelas do banco de dados. Cada model é uma classe Ruby que herda de ActiveRecord::Base, o que fornece uma série de funcionalidades poderosas para manipular dados, realizar consultas e definir regras de negócio. Através dessa abstração, você pode interagir com os dados da aplicação diretamente no código, utilizando métodos Ruby simples.

Por exemplo, suponha que você tenha um model User, que está mapeado para uma tabela users no banco de dados. Através do Active Record, você pode criar, ler, atualizar e excluir registros de usuários utilizando comandos como:

ruby

```
User.create(name: "John Doe", email: "john@example.com")
user = User.find_by(email: "john@example.com")
user.update(name: "John Smith")
user.destroy
```

A simplicidade do Active Record não apenas acelera o desenvolvimento, mas também reduz a complexidade de interagir com o banco de dados. Além disso, o Active Record oferece uma série de métodos para validar dados, definir associações entre tabelas, realizar consultas complexas e muito mais.

Os **models** também são responsáveis por encapsular a lógica de negócio relacionada aos dados da aplicação. Isso significa que toda a lógica associada à validação, transformação e manipulação de dados deve ser incluída nos models. Rails incentiva essa separação de responsabilidades, garantindo que os controladores e views permaneçam focados nas interações do usuário e na apresentação, enquanto os models cuidam das interações com o banco de dados.

O Active Record fornece suporte nativo para as principais operações de banco de dados, incluindo consultas complexas e otimizações, através de uma API que é intuitiva para desenvolvedores Ruby. Você pode realizar operações como:

- **Consultas básicas**: User.where(active: true) retorna todos os usuários ativos.

- **Consultas encadeadas**: User.where(active: true).order(created_at: :desc) retorna usuários ativos ordenados pela data de criação, em ordem decrescente.

- **Eager loading**: User.includes(:posts) carrega usuários e suas postagens associadas, otimizando o número de consultas ao banco de dados.

Além disso, o Active Record permite que você valide os dados inseridos no banco de dados de maneira automática. Ao definir validações no model, como a obrigatoriedade de um campo ou o formato de um endereço de email, você garante que os dados armazenados sejam consistentes e corretos:

ruby

```ruby
class User < ApplicationRecord
  validates :name, presence: true
  validates :email, presence: true, uniqueness: true, format:
{ with: URI::MailTo::EMAIL_REGEXP }
end
```

Essas validações são aplicadas automaticamente sempre que um registro é salvo ou atualizado no banco de dados. Caso algum dado inválido seja inserido, o Active Record gerará um erro, impedindo que o registro seja salvo.

Migrações: criando e alterando tabelas

Uma das funcionalidades mais importantes do Active Record é a capacidade de gerenciar o esquema do banco de dados através de **migrações**. Migrações são scripts Ruby que permitem criar, modificar ou excluir tabelas e colunas no banco de dados de maneira versionada e controlada. Elas fornecem uma maneira de evoluir o banco de dados ao longo do tempo, garantindo que todos os desenvolvedores do projeto possam manter suas bases de dados sincronizadas.

Quando você cria um novo model no Rails, uma migração correspondente é gerada automaticamente. Esse arquivo de migração contém as instruções necessárias para criar a tabela no banco de dados com os campos especificados. Por exemplo, ao gerar um model User, o Rails também cria uma migração como esta:

ruby

```ruby
class CreateUsers < ActiveRecord::Migration[6.1]
  def change
```

```
create_table :users do |t|
  t.string :name
  t.string :email
  t.timestamps
end
end
end
```

Esse código cria uma tabela users com as colunas name, email e os campos de timestamp (created_at e updated_at). Para aplicar essa migração e efetivamente criar a tabela no banco de dados, o comando rails db:migrate é utilizado. Esse comando aplica todas as migrações pendentes, garantindo que a estrutura do banco de dados seja atualizada de acordo com as instruções definidas.

As migrações não se limitam à criação de tabelas. Elas também podem ser usadas para adicionar ou remover colunas, modificar tipos de dados e até mesmo preencher a tabela com dados iniciais. Abaixo, um exemplo de como adicionar uma coluna age à tabela users:

ruby

```
class AddAgeToUsers < ActiveRecord::Migration[6.1]
  def change
    add_column :users, :age, :integer
  end
end
```

Após rodar rails db:migrate, a coluna age será adicionada à tabela users, permitindo que novos dados sejam armazenados.

O Active Record também oferece a capacidade de **reverter migrações**, caso algo dê errado ou uma mudança precise ser desfeita. O comando rails db:rollback desfaz a última migração aplicada, garantindo que as alterações no banco de dados possam ser revertidas de maneira segura e sem complicações.

Além disso, Rails mantém um histórico de todas as migrações aplicadas, permitindo que você saiba exatamente quando e quais alterações foram feitas no banco de dados. Isso é especialmente útil em projetos colaborativos, onde múltiplos desenvolvedores podem estar trabalhando simultaneamente. As migrações garantem que todos os ambientes (desenvolvimento, teste e produção) estejam sempre sincronizados em termos de estrutura de banco de dados.

Relacionamentos entre tabelas (associações)

Em uma aplicação real, os dados raramente existem de forma isolada. Tabelas no banco de dados geralmente têm relacionamentos entre si, como usuários que possuem postagens, produtos que pertencem a categorias ou pedidos que contêm itens. Rails facilita a definição desses relacionamentos através de **associações**, que são mapeadas diretamente nos models.

Existem vários tipos de associações suportadas pelo Active Record, sendo os mais comuns:

- **belongs_to**: Indica que um registro pertence a outro. Por exemplo, em uma aplicação onde postagens são escritas por usuários, o model Post teria um belongs_to :user, indicando que cada postagem pertence a um usuário.

- **has_many**: Indica que um registro pode ter muitos registros associados. No exemplo anterior, o model User teria has_many :posts, indicando que um usuário pode ter várias postagens.

- **has_one**: Similar ao has_many, mas indica que um registro pode ter apenas um associado. Por exemplo, um User pode ter apenas um perfil, o que seria representado por has_one :profile.

- **has_many**
  : Usado para criar associações indiretas através de uma tabela intermediária. Por exemplo, se você tem um sistema onde usuários podem participar de eventos, mas a relação entre usuários e eventos é mediada por uma tabela de subscriptions, o relacionamento seria modelado com has_many :through.

- **has_and_belongs_to_many**: Usado para associações de muitos-para-muitos sem uma tabela intermediária explícita. No entanto, a prática moderna geralmente prefere o uso de has_many :through, pois oferece mais flexibilidade e controle.

Aqui está um exemplo prático de como esses relacionamentos são definidos em models:

ruby

```ruby
class User < ApplicationRecord
  has_many :posts
end

class Post < ApplicationRecord
  belongs_to :user
end
```

Com essas associações definidas, você pode consultar as relações entre os registros de forma muito simples. Por exemplo, para listar todas as postagens de um usuário, basta chamar o método posts no objeto User:

ruby

```ruby
user = User.find(1)
```

user.posts

Além de facilitar a leitura dos relacionamentos, o Active Record também oferece uma série de métodos úteis para manipular esses dados. Por exemplo, ao adicionar uma nova postagem a um usuário, o Rails automaticamente define o relacionamento correto entre os registros:

ruby

```
user.posts.create(title: "Minha primeira postagem", content: "Este é o conteúdo da postagem.")
```

Rails também suporta **validações em associações**. Isso garante que os relacionamentos sejam sempre consistentes e que não existam registros órfãos no banco de dados. Por exemplo, você pode definir que uma postagem não pode existir sem um usuário associado, utilizando a validação validates :user, presence: true no model Post.

Com esses conceitos, Rails permite que você crie e gerencie relacionamentos complexos de forma simples e eficaz, garantindo que os dados sejam consistentes e que as operações no banco de dados sejam intuitivas e eficientes.

A capacidade de modelar relações complexas entre dados, juntamente com a flexibilidade e o poder do Active Record, torna o Rails uma escolha ideal para o desenvolvimento de aplicações web robustas, escaláveis e fáceis de manter.

CAPÍTULO 6: CONTROLLERS E ACTIONS

Criando e gerenciando controllers em Rails

Os **controllers** em Rails são o ponto central de coordenação entre a interação do usuário e a lógica de negócio da aplicação. Em uma arquitetura **MVC** (Model-View-Controller), os controllers têm a responsabilidade de receber as requisições, interagir com os modelos para obter ou modificar os dados necessários, e então retornar uma resposta adequada através das views. Eles atuam como mediadores, garantindo que a aplicação responda corretamente a todas as ações executadas pelo usuário.

Criar um controller em Rails é simples e pode ser feito através do comando Rails CLI:

bash

```
rails generate controller NomeDoController
```

Esse comando cria um novo arquivo dentro da pasta app/controllers com o nome do controller desejado. Por exemplo, ao gerar um controller chamado PostsController, Rails cria automaticamente o arquivo posts_controller.rb. Dentro desse arquivo, o controller é definido como uma classe Ruby que herda de ApplicationController, o controlador base da aplicação.

ruby

```
class PostsController < ApplicationController
  # Ações serão definidas aqui
end
```

Controllers em Rails são compostos de **actions**, que são métodos que respondem a requisições específicas. Cada action é responsável por lidar com um determinado tipo de interação. Por exemplo, para uma aplicação de blog, o controller PostsController pode ter actions como index para listar todas as postagens, show para exibir uma única postagem, new e create para criar novas postagens, e edit e update para editar postagens existentes.

Uma das grandes vantagens de Rails é que ele segue o padrão **RESTful**, o que significa que a maioria dos controllers utiliza um conjunto de actions bem definido para manipular os recursos da aplicação. Isso garante consistência e facilita a manutenção do código.

Aqui está um exemplo de como um controller básico pode ser estruturado:

ruby

```ruby
class PostsController < ApplicationController
  def index
    @posts = Post.all
  end

  def show
    @post = Post.find(params[:id])
  end

  def new
    @post = Post.new
  end

  def create
    @post = Post.new(post_params)
    if @post.save
      redirect_to @post, notice: 'Post criado com sucesso.'
    else
```

```ruby
      render :new
    end
  end

  def edit
    @post = Post.find(params[:id])
  end

  def update
    @post = Post.find(params[:id])
    if @post.update(post_params)
      redirect_to @post, notice: 'Post atualizado com sucesso.'
    else
      render :edit
    end
  end

  def destroy
    @post = Post.find(params[:id])
    @post.destroy
    redirect_to posts_url, notice: 'Post excluído com sucesso.'
  end

  private

  def post_params
    params.require(:post).permit(:title, :body)
  end
end
```

Nesse exemplo, cada action está associada a uma tarefa específica, como exibir todos os posts, criar um novo post ou atualizar um existente. O Rails, por padrão, fornece convenções claras sobre como essas actions devem ser implementadas, e os controllers se beneficiam dessas convenções, tornando o código mais conciso e fácil de entender.

Métodos de controllers e ciclo de requisição/resposta

O **ciclo de requisição/resposta** é o núcleo de como um controller Rails funciona. Quando um usuário acessa a aplicação, seja clicando em um link, enviando um formulário ou realizando qualquer interação que resulte em uma requisição HTTP, o Rails começa a processar essa requisição e passa por uma sequência de etapas até que uma resposta seja gerada.

O ciclo começa com o navegador enviando uma **requisição HTTP**. Essa requisição contém informações sobre o tipo de operação que o usuário deseja realizar (GET, POST, PUT, DELETE) e os dados necessários (parâmetros de formulário, por exemplo). O roteador da aplicação (definido em config/routes.rb) determina qual controlador e qual action são responsáveis por lidar com essa requisição.

Quando a requisição chega ao controller, o Rails instancia um objeto do controller e invoca a action correspondente. A action realiza a lógica necessária, que normalmente envolve interagir com um modelo para obter dados do banco de dados ou salvar novos dados. Por exemplo, ao lidar com uma requisição GET para /posts/1, o Rails chama a action show no PostsController, que então consulta o banco de dados para encontrar o post com ID 1.

Depois de executar a lógica necessária, o controller precisa gerar uma resposta para o usuário. Normalmente, isso envolve renderizar uma **view** correspondente. Se a action show for invocada, por exemplo, o Rails automaticamente renderiza o template show.html.erb localizado em app/views/posts. Se nenhuma view for explicitamente definida, o Rails assume que o nome da view é o mesmo que o nome da action.

Se a action envolver a criação ou atualização de um registro, o Rails normalmente redireciona o usuário para outra página após a operação ser concluída. Isso é feito utilizando o método redirect_to, que envia uma resposta HTTP de redirecionamento para o navegador, instruindo-o a carregar uma nova URL. Por exemplo, após criar um novo post com sucesso, o Rails redireciona o usuário para a página de visualização do post recém-criado:

ruby

```ruby
redirect_to @post, notice: 'Post criado com sucesso.'
```

Se a operação não for bem-sucedida (por exemplo, se os dados do formulário forem inválidos), o Rails renderiza novamente o formulário de criação ou edição, permitindo que o usuário corrija os erros sem perder as informações que já inseriu:

ruby

```ruby
render :new
```

Esse ciclo de requisição/resposta é repetido para cada interação que o usuário realiza com a aplicação, garantindo que o Rails responda de maneira eficiente a todas as requisições HTTP.

Uso de parâmetros e filtros

Os **parâmetros** são informações fornecidas pelos usuários em uma requisição, seja através de formulários, URLs ou outras fontes. No Rails, os parâmetros são acessados dentro do controller através do método params. Por exemplo, quando um usuário envia um formulário para criar um novo post, os dados do formulário (como o título e o corpo do post) são enviados como parâmetros, que o controller usa para criar o novo registro no banco de dados:

ruby

```ruby
def create
  @post = Post.new(post_params)
  if @post.save
```

```
   redirect_to @post, notice: 'Post criado com sucesso.'
 else
   render :new
 end
end
```

Neste código, o método post_params é usado para garantir que apenas os parâmetros permitidos (neste caso, title e body) sejam passados para o model. Isso é uma medida de segurança conhecida como **Strong Parameters**, que impede que usuários mal-intencionados enviem parâmetros indesejados ou perigosos através de uma requisição.

O Rails oferece uma maneira fácil de manipular parâmetros em URLs também. Quando um usuário acessa uma página como /posts/1, o :id é extraído da URL e passado como um parâmetro, permitindo que o controller utilize esse valor para realizar uma busca no banco de dados:

ruby

```
def show
  @post = Post.find(params[:id])
end
```

Além de parâmetros, os **filtros** (ou callbacks) são outra funcionalidade crucial no gerenciamento de controllers. Filtros são métodos que são executados antes, depois ou em torno de uma determinada action do controller. Eles são úteis para garantir que determinadas ações sejam realizadas automaticamente antes ou depois de um determinado processo. Por exemplo, um filtro comum é garantir que o usuário esteja autenticado antes de permitir que ele edite ou exclua posts.

Os filtros são definidos usando métodos como before_action, after_action e around_action. Por exemplo:

ruby

```ruby
class PostsController < ApplicationController
  before_action :set_post, only: [:show, :edit, :update, :destroy]

  def show
  end

  def edit
  end

  def update
    if @post.update(post_params)
      redirect_to @post, notice: 'Post atualizado com sucesso.'
    else
      render :edit
    end
  end

  def destroy
    @post.destroy
    redirect_to posts_url, notice: 'Post excluído com sucesso.'
  end

  private

  def set_post
    @post = Post.find(params[:id])
  end
end
```

Aqui, o filtro before_action :set_post garante que, antes de executar as actions show, edit, update ou destroy, o post correspondente seja carregado do banco de dados. Isso elimina a duplicação de código e mantém o controller organizado e conciso.

Os filtros também podem ser utilizados para autorizar ações, verificar permissões e executar outras lógicas que precisam ser aplicadas globalmente a determinadas actions ou controllers.

Eles são uma parte essencial da segurança e da integridade da aplicação, garantindo que apenas ações válidas e autorizadas sejam realizadas.

Rails oferece flexibilidade e controle ao desenvolver controllers, permitindo que você gerencie eficientemente o ciclo de requisição/resposta, manipule parâmetros com segurança e use filtros para manter a lógica organizada e reutilizável. Com a combinação de parâmetros, filtros e actions bem definidas, os controllers se tornam um componente essencial no desenvolvimento de aplicações Rails, facilitando a criação de interações ricas e dinâmicas entre usuários e o sistema.

CAPÍTULO 7: VIEWS E TEMPLATES EM RAILS

Introdução a ERB (Embedded Ruby)

As **views** em Rails são a interface entre a lógica da aplicação e o usuário final. Elas são responsáveis por exibir os dados em um formato legível e interativo, normalmente em HTML, mas também podem gerar outros formatos como JSON, XML, ou mesmo PDFs. Rails adota o uso de **ERB (Embedded Ruby)** como o motor padrão de templates, permitindo que você insira código Ruby diretamente dentro de arquivos HTML para renderizar dinamicamente informações e criar páginas web dinâmicas.

ERB permite interpolar variáveis Ruby em documentos HTML com a sintaxe `<%= %>`, executando o código Ruby dentro das tags e inserindo o resultado diretamente no HTML gerado. Isso significa que você pode, por exemplo, exibir informações de um objeto de banco de dados, como o nome de um usuário ou o conteúdo de uma postagem, diretamente no código da página:

html

```
<h1>Bem-vindo, <%= @user.name %>!</h1>
<p>Esta é a sua conta criada em <%=
@user.created_at.strftime("%d/%m/%Y") %>.</p>
```

A interpolação de variáveis é um dos usos mais comuns do ERB, mas você também pode executar estruturas mais complexas, como condicionais e loops. Isso permite um controle mais refinado sobre o conteúdo exibido ao usuário:

erb

```erb
<% if @user.posts.any? %>
  <h2>Suas postagens:</h2>
  <ul>
    <% @user.posts.each do |post| %>
      <li><%= post.title %></li>
    <% end %>
  </ul>
<% else %>
  <p>Você ainda não criou nenhuma postagem.</p>
<% end %>
```

Aqui, ERB está sendo utilizado para verificar se o usuário possui postagens. Se ele tiver, é exibida uma lista com os títulos das postagens; se não, uma mensagem informativa aparece.

Uma característica importante do ERB é a distinção entre as tags `<%= %>` e `<% %>`. A primeira exibe o resultado da expressão Ruby, enquanto a segunda apenas executa o código sem gerar saída. Isso é útil quando você precisa executar lógica de controle, como loops ou condicionais, sem renderizar nada diretamente na página.

Rails também oferece suporte a outros motores de template, como Haml e Slim, que são alternativos ao ERB e podem ser preferidos por desenvolvedores que gostam de uma sintaxe mais concisa e menos verbosa. No entanto, o ERB continua sendo amplamente utilizado e é a escolha padrão para muitos projetos devido à sua simplicidade e integração nativa com Rails.

Layouts e partials: criando componentes reutilizáveis

À medida que uma aplicação Rails cresce, manter a organização das views e garantir que o código seja reutilizável torna-se uma necessidade crucial. É aqui que entram os **layouts** e **partials**, dois recursos poderosos que Rails oferece para criar componentes reutilizáveis e manter a consistência da interface do usuário.

Layouts são templates que envolvem as views da aplicação, proporcionando uma estrutura comum em toda a interface. Em uma aplicação típica, o layout é onde elementos globais, como o cabeçalho, o rodapé e o menu de navegação, são definidos. Isso significa que, ao renderizar uma view específica, como a página de um post ou de um usuário, essa view é inserida dentro do layout, mantendo a consistência do design em todas as páginas.

Por padrão, Rails utiliza o arquivo application.html.erb localizado em app/views/layouts/ como o layout principal da aplicação. Aqui, você pode definir a estrutura básica da página HTML, incluindo tags como <head>, <body>, scripts e folhas de estilo:

erb

```erb
<!DOCTYPE html>
<html>
<head>
  <title>Minha Aplicação</title>
  <%= csrf_meta_tags %>
  <%= csp_meta_tag %>
  <%= stylesheet_link_tag 'application', media: 'all' %>
  <%= javascript_pack_tag 'application' %>
</head>
<body>
  <header>
    <nav>
      <!-- Links de navegação -->
    </nav>
  </header>

  <main>
    <%= yield %>
  </main>
```

```
<footer>
  <p>&copy; 2024 Minha Aplicação</p>
</footer>
</body>
</html>
```

O método yield é a chave que permite que as views sejam renderizadas dentro do layout. Quando o Rails processa uma requisição, ele insere o conteúdo da view no local onde o yield é chamado no layout. Isso garante que todas as páginas compartilhem a mesma estrutura básica, reduzindo a repetição de código.

Além dos layouts, **partials** são outro recurso poderoso que Rails oferece para melhorar a organização e a reutilização de código nas views. Um partial é um fragmento de código que pode ser reutilizado em várias views, ideal para componentes que aparecem em mais de um lugar, como formulários, listas ou seções repetitivas da interface.

Um partial é definido em um arquivo cujo nome começa com um underscore (_), e é chamado a partir de outras views usando o método render. Por exemplo, se você tem um formulário de criação e edição de posts que aparece em várias páginas, pode extrair esse código para um partial:

erb

```erb
<!-- _form.html.erb -->
<%= form_with model: @post, local: true do |form| %>
  <div class="field">
    <%= form.label :title %>
    <%= form.text_field :title %>
  </div>

  <div class="field">
    <%= form.label :body %>
    <%= form.text_area :body %>
```

```
  </div>

  <div class="actions">
    <%= form.submit %>
  </div>
<% end %>
```

Agora, tanto a view de criação (new.html.erb) quanto a view de edição (edit.html.erb) podem reutilizar esse partial:

erb

```
<%= render 'form' %>
```

O uso de partials torna o código mais organizado e facilita a manutenção, pois qualquer alteração no formulário será refletida em todas as views que utilizam o partial.

Partials também podem receber variáveis de instância, o que os torna ainda mais flexíveis. Ao renderizar um partial, você pode passar objetos ou dados que serão utilizados dentro do partial:

erb

```
<%= render 'form', post: @post %>
```

Dessa forma, o mesmo partial pode ser reutilizado em diferentes contextos, mantendo a lógica e a apresentação consistentes.

Boas práticas para views organizadas e performáticas

Escrever views de forma organizada e performática é essencial para garantir que a aplicação seja fácil de manter e escalável à medida que cresce. Embora o ERB facilite a inserção de código Ruby dentro das views, é importante seguir algumas boas práticas para evitar que o código se torne confuso e difícil de gerenciar.

Uma das principais recomendações é evitar colocar muita

lógica nas views. Embora seja possível usar Ruby dentro de arquivos ERB, é preferível manter as views simples e focadas na apresentação. Qualquer lógica complexa, como cálculos ou validações, deve ser delegada para os models ou helpers. Views que contêm muita lógica podem se tornar difíceis de entender e testar, além de reduzir a performance da aplicação.

Os **helpers** são uma maneira eficiente de mover a lógica da view para outro lugar. Rails oferece uma pasta específica para helpers, onde você pode definir métodos que encapsulam lógica relacionada à apresentação. Por exemplo, se você precisar formatar uma data de maneira consistente em várias partes da aplicação, é melhor criar um método helper para isso do que duplicar o código nas views:

ruby

```ruby
module ApplicationHelper
  def format_date(date)
    date.strftime("%d/%m/%Y")
  end
end
```

Agora, ao invés de formatar a data diretamente na view, você pode chamar o helper:

erb

```erb
<p>Criado em: <%= format_date(@post.created_at) %></p>
```

Isso mantém o código das views mais limpo e facilita a manutenção, já que qualquer alteração na formatação da data pode ser feita em um único lugar.

Outra boa prática é minimizar o uso de consultas ao banco de dados dentro das views. Realizar consultas diretas no banco de dados dentro de loops, por exemplo, pode impactar seriamente o desempenho da aplicação, especialmente em páginas com muitos elementos. Ao invés disso, busque todos os dados necessários no controller e passe-os para a view de uma vez só, evitando consultas repetitivas.

Por exemplo, em vez de fazer algo assim na view:

erb

```
<% User.all.each do |user| %>
  <p><%= user.name %></p>
<% end %>
```

O ideal é realizar a consulta no controller e passar os dados para a view:

ruby

```
class UsersController < ApplicationController
  def index
    @users = User.all
  end
end
```

E então, na view, simplesmente iterar sobre os usuários já carregados:

erb

```
<% @users.each do |user| %>
  <p><%= user.name %></p>
<% end %>
```

Isso garante que a consulta ao banco de dados seja feita apenas uma vez, melhorando a performance da página.

Outra consideração importante é otimizar o uso de assets, como imagens, folhas de estilo e scripts JavaScript. Rails oferece o **Asset Pipeline**, que é uma ferramenta poderosa para organizar, minificar e servir arquivos estáticos de forma eficiente. Usar o Asset Pipeline corretamente garante que a aplicação carregue de maneira rápida e eficiente, mesmo com muitos elementos visuais.

Com o uso de **layouts**, **partials** e boas práticas de organização, você pode garantir que suas views sejam fáceis de manter, reutilizáveis e performáticas, criando uma experiência de usuário fluida e agradável.

CAPÍTULO 8: ACTIVE RECORD AVANÇADO

Validações e Callbacks

O **Active Record** é uma das partes mais poderosas do Rails, proporcionando uma interface eficiente para interagir com o banco de dados. Além de simplificar as operações básicas de CRUD (Create, Read, Update, Delete), o Active Record também permite a aplicação de validações e callbacks, que são cruciais para garantir a integridade dos dados e automatizar comportamentos dentro da aplicação.

Validações garantem que os dados inseridos ou atualizados no banco de dados sejam corretos e consistentes. Elas são definidas nos models e são executadas automaticamente antes que um registro seja salvo ou atualizado no banco de dados. Validações protegem a aplicação de inconsistências, como a criação de registros com campos obrigatórios em branco, ou o salvamento de emails em formatos inválidos.

Por exemplo, uma validação comum é garantir que o campo de email de um usuário seja único e tenha o formato correto:

ruby

```
class User < ApplicationRecord
  validates :email, presence: true, uniqueness: true, format:
{ with: URI::MailTo::EMAIL_REGEXP }
end
```

Aqui, a validação presence: true garante que o campo email não pode estar vazio, uniqueness: true assegura que nenhum outro usuário tenha o mesmo endereço de email, e format: { with: URI::MailTo::EMAIL_REGEXP } valida que o email está em um formato válido de acordo com a especificação URI.

Além das validações básicas como presence, uniqueness, e format, o Active Record suporta outras validações úteis como numericality, que garante que um campo contenha apenas números, ou length, que define um tamanho mínimo ou máximo para um campo de texto. Validações personalizadas também podem ser definidas, oferecendo total flexibilidade:

ruby

```ruby
class User < ApplicationRecord
  validate :password_complexity

  def password_complexity
    if password.present? && !password.match(/\A(?=.*[a-z])(?=.*[A-Z])(?=.*\d).+\z/)
      errors.add :password, "deve incluir uma letra maiúscula, uma letra minúscula e um número"
    end
  end
end
```

Neste caso, a validação password_complexity garante que a senha do usuário atenda a critérios de complexidade, adicionando uma camada extra de segurança.

Callbacks são outra ferramenta poderosa que o Active Record oferece, permitindo que você defina métodos que serão executados em momentos específicos do ciclo de vida de um registro. Por exemplo, você pode executar uma ação antes ou depois de um registro ser criado, atualizado, ou excluído.

Os callbacks comuns incluem:

- before_save e after_save: Executados antes ou depois que um registro é salvo no banco de dados.

- before_create e after_create: Executados antes ou depois que um novo registro é criado.

- before_update e after_update: Executados antes ou depois que um registro existente é atualizado.

- before_destroy e after_destroy: Executados antes ou depois que um registro é excluído.

Por exemplo, você pode usar um callback before_save para garantir que um campo seja formatado de maneira específica antes de ser salvo:

ruby

```ruby
class User < ApplicationRecord
  before_save :downcase_email

  def downcase_email
    self.email = email.downcase
  end
end
```

Aqui, o método downcase_email é chamado antes que o registro do usuário seja salvo no banco de dados, convertendo o email para letras minúsculas, o que pode ser útil para garantir que os emails sejam tratados de forma consistente.

Os callbacks também são úteis para automatizar ações complexas, como o envio de emails após a criação de um novo usuário, ou a criação de registros associados a um objeto recém-criado. No entanto, é importante usar os callbacks com moderação, já que lógica excessiva nos callbacks pode dificultar a depuração e a manutenção do código.

Consultas Avançadas com Active Record

Além de fornecer uma API simples para operações CRUD, o Active Record oferece um conjunto robusto de ferramentas para realizar **consultas avançadas** ao banco de dados. Essas consultas podem ser otimizadas e combinadas de várias maneiras para extrair exatamente os dados que você precisa, utilizando uma sintaxe Ruby intuitiva.

Uma das funcionalidades mais poderosas do Active Record é o **encadeamento de métodos**. Isso permite que você combine várias condições de consulta em uma única linha, gerando consultas SQL complexas sem nunca precisar escrever uma linha de SQL. Por exemplo:

ruby

```
User.where(active: true).order(created_at: :desc).limit(10)
```

Essa consulta retorna os 10 usuários ativos mais recentemente criados. O Active Record converte automaticamente essa chamada em uma consulta SQL, permitindo que você manipule os dados de forma eficiente e expressiva.

Além de métodos como where, order e limit, o Active Record oferece uma ampla gama de ferramentas para realizar consultas complexas:

- **joins**: Para combinar tabelas relacionadas.

- **includes**: Para carregar associações relacionadas (mais sobre isso na seção de eager loading).

- **group** e **having**: Para realizar consultas agregadas.

- **pluck**: Para extrair valores de colunas específicas sem carregar objetos Active Record completos.

- **find_by_sql**: Para realizar consultas SQL personalizadas quando necessário.

Considere um cenário em que você tem um sistema de blog, e deseja encontrar todos os posts com mais de 100 comentários e que foram criados nos últimos 30 dias:

ruby

```
Post.joins(:comments).group('posts.id').having('COUNT(comments.id) > 100').where('posts.created_at >= ?', 30.days.ago)
```

Aqui, joins(:comments) **combina a tabela** posts **com** comments, group('posts.id') **agrupa os posts por seu ID, e** having('COUNT(comments.id) > 100') **garante que apenas posts com mais de 100 comentários sejam retornados. A condição** where('posts.created_at >= ?', 30.days.ago) **filtra os posts criados nos últimos 30 dias.**

Outra funcionalidade útil é o método pluck, que permite buscar diretamente os valores de uma ou mais colunas, sem precisar carregar instâncias de Active Record completas:

ruby

```
User.pluck(:email)
```

Isso retorna um array de todos os emails dos usuários, sem carregar os objetos User na memória, o que pode ser muito mais eficiente em termos de uso de memória e tempo de processamento.

Otimização de Queries e Eager Loading

À medida que sua aplicação cresce, a otimização de consultas se torna uma preocupação crucial para garantir que a aplicação continue a funcionar de maneira rápida e eficiente, especialmente em ambientes de produção com grandes volumes de dados. Uma das principais ferramentas para otimizar consultas no Active Record é o **eager loading**, que resolve um problema conhecido como **N+1 query**.

O problema de N+1 queries ocorre quando o Active Record faz uma consulta adicional para cada registro relacionado. Por exemplo, considere uma situação onde você tem um modelo User que tem muitos Post. Ao buscar todos os usuários e exibir seus posts, você pode acabar com uma consulta N+1:

ruby

```ruby
users = User.all
users.each do |user|
  puts user.posts.count
end
```

Nesse caso, o Active Record faz uma consulta para buscar todos os usuários, e depois faz uma consulta adicional para cada usuário para buscar seus posts, resultando em N+1 queries. Isso pode ser extremamente ineficiente em grandes bases de dados.

O **eager loading** resolve esse problema, carregando todas as associações relacionadas em uma única consulta SQL, utilizando o método includes:

ruby

```ruby
users = User.includes(:posts)
users.each do |user|
  puts user.posts.count
end
```

Aqui, o Active Record carrega os usuários e seus posts em duas consultas, ao invés de fazer uma consulta adicional para cada usuário. Isso reduz significativamente o número de consultas ao banco de dados e melhora o desempenho da aplicação.

Outra forma de otimizar consultas é utilizando o método select para carregar apenas as colunas necessárias. Quando você não precisa de todos os atributos de um registro, pode usar select para buscar apenas os campos necessários:

ruby

```ruby
users = User.select(:id, :email)
```

Isso é particularmente útil em cenários onde a tabela tem muitas colunas ou se você precisa de dados para operações que não envolvem todos os atributos de um modelo.

Além do eager loading e do select, garantir que os índices corretos estejam definidos no banco de dados é fundamental para a performance. O uso de índices em colunas que são frequentemente usadas em consultas where ou order pode acelerar significativamente o tempo de resposta da aplicação.

Por fim, o Active Record oferece o método explain, que permite que você veja o plano de execução SQL de uma consulta, ajudando a identificar gargalos de desempenho:

ruby

```ruby
User.where(active: true).explain
```

Isso exibe o plano de execução, mostrando como o banco de dados processa a consulta, e pode ajudar a identificar consultas que precisam ser otimizadas ou colunas que precisam de índices.

Com essas ferramentas, você pode garantir que suas consultas Active Record sejam rápidas e eficientes, mesmo em aplicações de grande escala. A capacidade de escrever consultas complexas com uma sintaxe Ruby intuitiva, combinada com o poder do Active Record para otimizar e simplificar a interação com o banco de dados, torna o Rails uma plataforma ideal para o desenvolvimento de aplicações web robustas e escaláveis.

CAPÍTULO 9: AUTENTICAÇÃO E AUTORIZAÇÃO

Implementando autenticação com Devise

A **autenticação** é um aspecto fundamental de quase toda aplicação web moderna, sendo o processo que garante que os usuários possam se identificar e acessar suas contas de maneira segura. Rails, como um framework altamente extensível, oferece várias opções para implementar autenticação. Uma das bibliotecas mais populares e eficientes para lidar com autenticação no Rails é o **Devise**. Devise é uma gem completa e flexível que permite configurar autenticação de maneira rápida e simples, suportando funcionalidades comuns como registro, login, recuperação de senha e gestão de sessões.

Para começar a usar o Devise, o primeiro passo é adicionar a gem ao arquivo Gemfile da sua aplicação:

ruby

```
gem 'devise'
```

Após adicionar a gem, é necessário rodar o comando bundle install para instalá-la. Depois disso, o próximo passo é gerar os arquivos de configuração do Devise:

bash

```
rails generate devise:install
```

Este comando gera os arquivos de configuração necessários para o Devise funcionar corretamente. A seguir, é importante configurar o Devise para o modelo que representará os usuários autenticados na aplicação. Na maioria das aplicações, este será o modelo User. Para gerar o modelo User com as funcionalidades de autenticação do Devise, utilize o seguinte comando:

bash

```
rails generate devise User
```

Este comando cria uma série de arquivos, incluindo uma migração para adicionar as colunas necessárias ao banco de dados, como email, senha criptografada, e tokens de recuperação de senha. Para aplicar essa migração, execute:

bash

```
rails db:migrate
```

Agora, o modelo User está preparado para autenticação. O Devise cuida de toda a lógica necessária para criar, atualizar e gerenciar usuários, incluindo hashing seguro de senhas usando bcrypt. Além disso, ele fornece uma série de helpers que podem ser utilizados em controllers e views para verificar o estado de autenticação do usuário.

Por exemplo, o helper before_action :authenticate_user! pode ser adicionado a qualquer controller para garantir que o usuário esteja autenticado antes de acessar uma determinada página:

ruby

```
class PostsController < ApplicationController
  before_action :authenticate_user!, only:
[:new, :create, :edit, :update, :destroy]

  def index
    @posts = Post.all
  end

  def new
```

```
  @post = Post.new
end

# outros métodos
end
```

Nesse caso, somente usuários autenticados podem criar ou editar posts. Se um usuário não autenticado tentar acessar essas ações, será redirecionado para a página de login.

Além disso, o Devise oferece uma série de views padrão para funcionalidades como login, registro e recuperação de senha. Estas views podem ser personalizadas conforme necessário, copiando-as para a pasta app/views/devise com o seguinte comando:

bash

```
rails generate devise:views
```

Uma vez que as views estiverem copiadas, você poderá editar o HTML e o CSS para adaptá-las ao design da sua aplicação, mantendo toda a lógica de autenticação intacta.

O Devise também oferece várias opções de autenticação adicional, como autenticação via OAuth (usando gemas como **omniauth**), autenticação baseada em tokens, e suporte para autenticação de dois fatores, proporcionando uma solução completa para qualquer tipo de aplicação que exija um gerenciamento robusto de usuários.

Criação de permissões com Pundit

Além da autenticação, a **autorização** é essencial para garantir que os usuários não apenas possam acessar suas contas, mas que também sejam restritos a determinadas ações com base em suas permissões ou roles. Para implementar um sistema de autorização em Rails, uma das gemas mais utilizadas é o **Pundit**.

O Pundit oferece uma abordagem baseada em políticas para autorização, permitindo que você defina regras específicas para cada ação de um controller.

Para começar a usar o Pundit, adicione-o ao arquivo Gemfile:

ruby

```ruby
gem 'pundit'
```

Depois de rodar bundle install, o Pundit pode ser configurado através de um comando de instalação:

bash

```bash
rails generate pundit:install
```

Este comando configura o Pundit e prepara sua aplicação para usar políticas de autorização. Em vez de definir permissões diretamente nos models ou controllers, o Pundit sugere o uso de **políticas**, que são classes responsáveis por definir quem pode ou não realizar determinadas ações.

Por exemplo, para uma aplicação onde apenas os autores de posts podem editá-los ou excluí-los, você pode criar uma política para o model Post:

bash

```bash
rails generate pundit:policy Post
```

Esse comando gera a classe de política PostPolicy em app/policies/post_policy.rb, onde você define as permissões:

ruby

```ruby
class PostPolicy < ApplicationPolicy
  def update?
    user == record.user
  end
```

```ruby
  def destroy?
    user == record.user
  end
end
```

Aqui, user é o usuário atual, e record é o post que está sendo verificado. A política define que apenas o autor do post (user == record.user) pode atualizá-lo ou excluí-lo.

Para aplicar essas permissões no controller, use o método authorize:

ruby

```ruby
class PostsController < ApplicationController
  before_action :authenticate_user!

  def update
    @post = Post.find(params[:id])
    authorize @post

    if @post.update(post_params)
      redirect_to @post, notice: 'Post atualizado com sucesso.'
    else
      render :edit
    end
  end

  def destroy
    @post = Post.find(params[:id])
    authorize @post

    @post.destroy
    redirect_to posts_url, notice: 'Post excluído com sucesso.'
  end
end
```

Ao chamar authorize @post, o Pundit verifica a PostPolicy para determinar se o usuário tem permissão para executar a ação. Se a política retornar false, o Pundit gera um erro Pundit::NotAuthorizedError, que pode ser tratado para exibir uma mensagem de erro ou redirecionar o usuário.

O Pundit também permite que você defina permissões para diferentes níveis de acesso ou roles. Por exemplo, se sua aplicação tiver administradores, você pode definir políticas especiais para eles:

ruby

```ruby
class PostPolicy < ApplicationPolicy
  def update?
    user.admin? || user == record.user
  end

  def destroy?
    user.admin? || user == record.user
  end
end
```

Agora, tanto administradores quanto autores podem atualizar ou excluir posts.

Gerenciamento de usuários e roles

Para gerenciar diferentes níveis de acesso e definir **roles** (funções) para os usuários, uma abordagem comum é adicionar um campo role ao modelo User. Esse campo pode ser uma string ou um número (no caso de usar enums), que define o papel de cada usuário na aplicação, como admin, moderator, ou user.

Comece criando uma migração para adicionar o campo role ao modelo User:

bash

```bash
rails generate migration AddRoleToUsers role:string
rails db:migrate
```

Agora, cada usuário terá um campo role, que pode ser utilizado para definir permissões específicas. Para tornar o gerenciamento mais robusto, você pode definir o role como um **enum**, o que facilita a leitura e o uso:

ruby

```ruby
class User < ApplicationRecord
  enum role: { user: 0, moderator: 1, admin: 2 }
end
```

Com esse enum, você pode agora atribuir diferentes permissões com base na role do usuário. Por exemplo, um administrador pode ter permissão para acessar áreas restritas da aplicação, enquanto usuários comuns podem estar limitados a certas funcionalidades.

No controller, você pode verificar a role do usuário para restringir ou permitir o acesso:

ruby

```ruby
before_action :check_admin, only: [:destroy]

def check_admin
  redirect_to(root_url, alert: 'Acesso negado.') unless current_user.admin?
end
```

Além disso, o Pundit pode ser integrado com o sistema de roles para garantir que as políticas sejam baseadas tanto nas permissões específicas quanto nas roles gerais. No exemplo anterior da PostPolicy, as permissões foram ajustadas para permitir que administradores sempre tenham acesso.

Gerenciar roles e permissões de forma centralizada também facilita o crescimento e a manutenção da aplicação. Se mais papéis ou níveis de acesso forem adicionados no futuro, basta atualizar a enumeração de roles e as políticas de autorização correspondentes.

Um outro benefício de usar roles é que ele permite a personalização da experiência do usuário, mostrando ou escondendo determinados recursos com base em seu papel. Por exemplo, no layout da aplicação, você pode condicionar a exibição de um link de administração apenas para usuários com o papel de admin:

erb

```erb
<% if current_user.admin? %>
  <%= link_to 'Área de Administração', admin_dashboard_path %>
<% end %>
```

Dessa forma, apenas administradores verão o link para a área de administração, tornando a interface mais limpa e funcional para os diferentes tipos de usuários.

Implementar autenticação e autorização robustas com Devise e Pundit garante que sua aplicação Rails seja segura e escalável, permitindo que você controle quem pode acessar e executar ações dentro do sistema. Com a adição de roles, você pode criar uma estrutura de permissões flexível que evolui com as necessidades da aplicação, garantindo uma experiência de usuário eficiente e segura.

CAPÍTULO 10: APIS RESTFUL COM RAILS

Criando APIs RESTful

APIs (Application Programming Interfaces) têm se tornado o coração da comunicação entre diferentes sistemas e aplicações web. No desenvolvimento moderno, criar uma API RESTful é uma prática essencial para permitir a comunicação entre o backend de uma aplicação e outras plataformas ou serviços. Rails, por sua natureza flexível e poderosa, é uma das ferramentas mais utilizadas para a criação de APIs RESTful robustas e escaláveis.

Para entender como criar uma API RESTful, é importante compreender o conceito de REST (Representational State Transfer). REST é uma arquitetura para projetar APIs que seguem convenções e padrões de comunicação claros. Em uma API RESTful, as operações (como criar, ler, atualizar e deletar recursos) são mapeadas diretamente para métodos HTTP, como GET, POST, PUT, PATCH e DELETE. Isso facilita a interação com a API de forma previsível e padronizada.

Rails oferece uma maneira simples de criar APIs RESTful usando sua poderosa arquitetura MVC (Model-View-Controller). Para começar a construir uma API, um dos primeiros passos é configurar a aplicação Rails para funcionar no modo API. Isso pode ser feito durante a criação de uma nova aplicação, utilizando a flag --api:

bash

```
rails new minha_api --api
```

Esse comando cria uma aplicação Rails minimalista, desabilitando funcionalidades desnecessárias para APIs, como views HTML e middlewares que não são úteis em uma API. Isso resulta em um backend otimizado para servir dados no formato JSON, que é o formato padrão utilizado para comunicação entre APIs e clientes.

Após configurar o ambiente, o próximo passo é criar os **recursos** da API. Em Rails, um recurso é tipicamente representado por um **model** e um **controller**, e é exposto através de rotas RESTful definidas no arquivo config/routes.rb. Por exemplo, para criar uma API para gerenciar posts de blog, você pode gerar o modelo e o controller correspondentes:

bash

```
rails generate model Post title:string body:text
rails generate controller api/v1/posts
```

O namespace api/v1 é uma convenção comum em APIs, permitindo a versão de endpoints, o que facilita a introdução de novas versões da API sem quebrar a compatibilidade com clientes que ainda utilizam versões anteriores.

Com o controller gerado, o próximo passo é definir as rotas. As rotas RESTful em Rails são mapeadas automaticamente utilizando o método resources, que gera as rotas necessárias para todas as operações de CRUD:

ruby

```
namespace :api do
  namespace :v1 do
    resources :posts
  end
end
```

Isso cria as seguintes rotas para o recurso Post:

- GET /api/v1/posts – **Retorna todos os posts.**

- GET /api/v1/posts/:id – **Retorna um post específico.**

- POST /api/v1/posts – **Cria um novo post.**

- PUT/PATCH /api/v1/posts/:id – **Atualiza um post existente.**

- DELETE /api/v1/posts/:id – **Exclui um post.**

Com as rotas configuradas, o controller PostsController pode ser populado com as **actions** que correspondem às operações da API. Cada action é responsável por realizar uma operação específica e retornar os dados no formato JSON, seguindo os padrões REST:

ruby

```ruby
module Api
  module V1
    class PostsController < ApplicationController
      def index
        posts = Post.all
        render json: posts
      end

      def show
        post = Post.find(params[:id])
        render json: post
      end

      def create
        post = Post.new(post_params)
        if post.save
```

```ruby
      render json: post, status: :created
    else
      render json: post.errors, status: :unprocessable_entity
    end
  end

  def update
    post = Post.find(params[:id])
    if post.update(post_params)
      render json: post
    else
      render json: post.errors, status: :unprocessable_entity
    end
  end

  def destroy
    post = Post.find(params[:id])
    post.destroy
    head :no_content
  end

  private

  def post_params
    params.require(:post).permit(:title, :body)
  end
 end
 end
end
```

Cada uma das actions index, show, create, update e destroy lida com uma operação específica na API, seguindo os padrões REST. O uso de render json: é uma prática comum para retornar os dados no formato JSON, que é o formato mais utilizado para APIs.

Manipulação de JSON em controllers e views

Quando se trata de APIs, a **manipulação de JSON** é fundamental, já que JSON é o formato padrão para a troca de dados entre a API e os clientes. O Rails facilita esse processo, permitindo que você converta objetos Ruby para JSON de forma rápida e eficiente utilizando o método render json:.

No Rails, a transformação de objetos Ruby (como instâncias de modelos) em JSON é chamada de serialização. Ao retornar dados em uma API, é importante garantir que apenas os campos necessários sejam expostos. A serialização permite controlar quais atributos dos objetos serão incluídos na resposta JSON.

Por padrão, Rails usa o método to_json para serializar objetos, mas para APIs mais complexas, o uso de serializadores personalizados ou Active Model Serializers é recomendado para fornecer mais controle sobre o formato e o conteúdo da resposta JSON.

Um exemplo simples de serialização seria o seguinte:

ruby

```ruby
class Post < ApplicationRecord
  def as_json(options = [])
    super(only: [:id, :title, :body], methods: [:author_name])
  end

  def author_name
    user.name
  end
end
```

Aqui, o método as_json é sobrescrito no model Post para garantir que apenas os atributos id, title e body sejam retornados, junto com o nome do autor (author_name), que é um método calculado. Isso garante que apenas os dados relevantes sejam expostos na API.

Outra maneira comum de gerenciar a serialização em APIs é

através do uso da gem **Active Model Serializers**. Ela oferece uma maneira mais modular e organizada de definir como os objetos serão convertidos para JSON, permitindo também definir associações e personalizar ainda mais as respostas da API.

Para começar a usar o Active Model Serializers, adicione a gem ao seu Gemfile:

ruby

```ruby
gem 'active_model_serializers'
```

Após instalar a gem com bundle install, você pode gerar um serializador para o modelo Post:

bash

```bash
rails generate serializer Post
```

O arquivo post_serializer.rb será gerado em app/serializers e pode ser configurado para incluir os campos necessários:

ruby

```ruby
class PostSerializer < ActiveModel::Serializer
  attributes :id, :title, :body, :author_name

  def author_name
    object.user.name
  end
end
```

Com o serializador configurado, o Rails automaticamente usará o serializador apropriado ao renderizar objetos Post em JSON. Isso oferece uma abordagem mais modular e flexível para o gerenciamento de JSON em APIs, especialmente em projetos maiores onde a consistência e a organização são importantes.

Autenticação de APIs com tokens

Ao expor uma API para o público, é crucial implementar autenticação para garantir que apenas usuários ou sistemas autorizados possam acessar ou modificar os dados. Uma maneira popular de autenticar APIs é através de tokens, que são strings únicas fornecidas a clientes autenticados. Esses tokens são incluídos em cada requisição para verificar a identidade e permissões do usuário.

Um dos padrões mais utilizados para autenticação via token é o JWT (JSON Web Token), que fornece um método seguro e eficiente de transmitir dados entre cliente e servidor. Para implementar autenticação com tokens em Rails, a gem devise-jwt pode ser utilizada em conjunto com o Devise para gerenciar o sistema de autenticação via token.

Primeiro, adicione a gem devise-jwt ao seu Gemfile:

ruby

```ruby
gem 'devise-jwt'
```

Depois de instalar a gem, configure o Devise para usar JWT. No arquivo de configuração do Devise (config/initializers/devise.rb), adicione o seguinte:

ruby

```ruby
Devise.setup do |config|
  # Outras configurações do Devise

  config.jwt do |jwt|
    jwt.secret = Rails.application.credentials.devise[:jwt_secret_key]
  end
end
```

Além disso, configure o modelo User para incluir módulos do Devise que suportam JWT:

ruby

```ruby
class User < ApplicationRecord
  devise :database_authenticatable, :registerable,
       :jwt_authenticatable, jwt_revocation_strategy:
JwtBlacklist
end
```

Agora, sempre que um usuário fizer login, um token JWT será gerado e enviado como parte da resposta. Para autenticar requisições subsequentes, o cliente precisa incluir o token no cabeçalho da requisição, geralmente no formato:

http

```http
Authorization: Bearer <token>
```

O servidor Rails verificará o token e determinará se o usuário está autenticado. Essa abordagem é altamente eficiente para APIs, pois permite autenticação sem a necessidade de manter sessões de usuário no servidor, tornando a API mais escalável e segura.

Implementar autenticação com tokens também facilita o controle de acesso a diferentes recursos da API, permitindo que apenas usuários autenticados possam realizar operações sensíveis, como criar, atualizar ou excluir dados. Além disso, tokens podem ser revogados ou expirados, garantindo que o acesso seja sempre controlado e seguro.

Com essas práticas de criação de APIs RESTful, manipulação de JSON e autenticação baseada em tokens, você pode construir APIs eficientes e seguras com Rails, permitindo a comunicação entre sua aplicação e outros sistemas de maneira robusta e escalável.

CAPÍTULO 11: INTRODUÇÃO AO FRONT-END COM RAILS

Utilização do Webpacker

No desenvolvimento moderno de aplicações web, o front-end desempenha um papel crucial na experiência do usuário. Com o crescimento de frameworks JavaScript e a necessidade de uma interface dinâmica e interativa, Rails oferece uma poderosa ferramenta chamada Webpacker para facilitar a integração entre o Ruby on Rails e o ecossistema de front-end. Webpacker é a solução nativa do Rails para gerenciar pacotes de JavaScript e outros assets modernos, como CSS e imagens.

O Webpacker substitui o antigo Asset Pipeline, fornecendo uma maneira mais flexível e escalável de lidar com assets front-end, permitindo a integração com ferramentas como Webpack, o que facilita a configuração e o gerenciamento de dependências e módulos JavaScript.

Para começar a usar o Webpacker, é importante garantir que ele esteja configurado corretamente no projeto. Se você estiver criando uma nova aplicação Rails, o Webpacker será incluído automaticamente:

bash

```
rails new minha_aplicacao --webpack
```

Isso configura o Webpacker desde o início, criando os arquivos de configuração necessários e instalando o Webpack como dependência. O Webpacker utiliza uma pasta específica, app/javascript/, onde todos os arquivos JavaScript são armazenados e organizados.

Dentro dessa pasta, o arquivo packs/application.js é o ponto de entrada principal para o Webpacker. Todos os outros arquivos JavaScript que você deseja carregar devem ser importados ou referenciados aqui. Por exemplo:

javascript

```
import "bootstrap"
import "./custom"
```

O Webpacker também suporta **hot-reloading**, que permite ver as mudanças em tempo real sem a necessidade de recarregar a página inteira, melhorando a produtividade durante o desenvolvimento.

Um dos maiores benefícios do Webpacker é a capacidade de instalar e gerenciar pacotes de JavaScript através do **npm** ou **Yarn**, os gerenciadores de pacotes mais populares para JavaScript. Se você quiser adicionar bibliotecas como Vue.js, React ou Bootstrap ao seu projeto, pode simplesmente usar um comando como:

bash

```
yarn add bootstrap
```

Isso instala a biblioteca no seu projeto e permite que você a importe diretamente no arquivo application.js, integrando-a facilmente com o restante da aplicação Rails.

Integração de frameworks front-end (Bootstrap, Vue.js)

Uma das principais vantagens de utilizar o Webpacker é a

facilidade com que ele integra **frameworks front-end** populares como **Bootstrap** e **Vue.js**, permitindo que você crie interfaces dinâmicas e responsivas de maneira simples e organizada.

Bootstrap é um dos frameworks CSS mais amplamente usados, oferecendo uma série de componentes pré-construídos e responsivos, como botões, formulários, navegações e grids. Para adicionar o Bootstrap ao seu projeto Rails, primeiro é necessário instalá-lo via Yarn:

bash

```
yarn add bootstrap@5
yarn add @popperjs/core
```

Depois de instalado, você precisa importar o Bootstrap no seu arquivo application.js:

javascript

```
import "bootstrap"
import "@popperjs/core"
import "../stylesheets/application"
```

A seguir, crie o arquivo app/javascript/stylesheets/application.scss e importe o Bootstrap:

scss

```
@import "bootstrap/scss/bootstrap";
```

Agora, o Bootstrap está completamente integrado ao projeto, e você pode utilizá-lo nas views para construir layouts responsivos. Através do grid system do Bootstrap, é fácil criar layouts flexíveis que se adaptam a diferentes tamanhos de tela, melhorando a experiência do usuário em dispositivos móveis.

Além do Bootstrap, outro framework front-end popular que pode ser integrado ao Rails via Webpacker é o **Vue.js**, uma biblioteca JavaScript progressiva usada para criar interfaces de usuário interativas e componentes dinâmicos. Para adicionar o Vue.js ao projeto, execute o comando:

bash

```
yarn add vue
```

Depois, configure o Webpacker para reconhecer o Vue.js. No arquivo app/javascript/packs/application.js, **importe o Vue e inicialize uma instância:**

javascript

```javascript
import Vue from "vue"
import App from "../app.vue"

document.addEventListener("DOMContentLoaded", () => {
  const app = new Vue({
    render: h => h(App)
  }).$mount()
  document.body.appendChild(app.$el)
})
```

O próximo passo é criar o componente Vue principal, app.vue, na **pasta** app/javascript:

vue

```vue
<template>
  <div>
    <h1>Olá, Vue.js no Rails!</h1>
  </div>
</template>

<script>
export default {
```

```
  name: "App"
}
</script>

<style>
/* Estilos personalizados para Vue.js */
</style>
```

Com isso, o Vue.js estará completamente integrado ao projeto Rails, permitindo que você desenvolva componentes interativos e reativos dentro da sua aplicação Rails. A combinação do Webpacker com Vue.js facilita a construção de Single Page Applications (SPAs) ou de interfaces dinâmicas, sem precisar abandonar o Rails como backend.

O Rails ainda oferece flexibilidade para integrar outros frameworks front-end, como React, Angular ou até mesmo Svelte. O Webpacker gerencia todas as dependências e compilações, deixando o desenvolvedor focado na construção de funcionalidades front-end sem se preocupar com a complexidade do ambiente de build.

Gestão de assets: CSS, JavaScript e imagens

O gerenciamento de **assets** (CSS, JavaScript e imagens) é uma parte crucial do desenvolvimento front-end em Rails. Com a introdução do Webpacker, o gerenciamento de assets tornou-se mais eficiente e modular, utilizando o poder do Webpack para compilar e servir esses arquivos de maneira otimizada.

Uma das principais responsabilidades do Webpacker é **compilar e minificar** arquivos CSS e JavaScript, garantindo que o front-end da aplicação seja rápido e eficiente. Isso é especialmente importante em ambientes de produção, onde a performance e o tempo de carregamento da página têm um impacto direto na experiência do usuário.

Para adicionar arquivos **CSS** ao projeto, eles devem ser

organizados dentro da pasta app/javascript/stylesheets/. Se estiver usando um pré-processador como **SCSS**, você pode criar o arquivo application.scss e importar os estilos desejados:

scss

```scss
@import "bootstrap";
@import "custom";
```

Os arquivos SCSS serão automaticamente compilados pelo Webpacker e incluídos na aplicação. Isso permite o uso de variáveis, mixins e outros recursos poderosos do SCSS, tornando o desenvolvimento de CSS mais modular e eficiente.

Além do CSS, o Webpacker também lida com **JavaScript** de maneira modular. Cada arquivo JavaScript pode ser importado e compilado como parte do bundle principal ou separado em pacotes menores (lazy loading), melhorando a performance em grandes aplicações.

A gestão de **imagens** também foi simplificada com o Webpacker. As imagens devem ser armazenadas dentro da pasta app/javascript/images/, e podem ser referenciadas diretamente nas views ou nos arquivos SCSS e JavaScript. Para carregar uma imagem em uma view, use o helper image_pack_tag:

erb

```erb
<%= image_pack_tag 'logo.png' %>
```

Isso garante que a imagem seja compilada e servida corretamente pelo Webpacker, com o benefício adicional de que ele pode otimizar e gerar versões menores das imagens para melhorar o desempenho.

O Webpacker ainda permite o uso de técnicas avançadas de lazy loading e code splitting, onde apenas os pacotes de JavaScript ou CSS necessários são carregados em cada página, reduzindo o tempo de carregamento inicial da aplicação. Isso é especialmente útil em aplicações com muitos componentes ou em Single Page Applications (SPAs), onde a performance é uma preocupação constante.

Outro aspecto importante na gestão de assets é a utilização de caching e fingerprinting, que são técnicas usadas pelo Webpacker para garantir que os navegadores dos usuários armazenem em cache versões otimizadas dos arquivos de assets, mas também sejam capazes de carregar novas versões automaticamente quando o conteúdo for alterado. Isso é feito automaticamente pelo Webpacker, que gera uma versão única de cada arquivo de asset com base em seu conteúdo, garantindo que os usuários sempre vejam a versão mais recente dos arquivos, sem precisar recarregar manualmente.

Com a combinação do Webpacker para o gerenciamento de assets, a integração de frameworks front-end como Bootstrap e Vue.js, e a gestão otimizada de CSS, JavaScript e imagens, o Rails se consolida como uma plataforma completa para o desenvolvimento full-stack. O desenvolvedor pode focar na criação de funcionalidades e interfaces interativas, enquanto o Webpacker lida com a complexidade de compilar e servir os arquivos de maneira eficiente.

CAPÍTULO 12: TESTES AUTOMATIZADOS EM RAILS

Introdução ao TDD (Test Driven Development) com RSpec

O **Test Driven Development (TDD)** é uma prática de desenvolvimento de software que coloca os testes automatizados no centro do processo de criação de código. No TDD, o ciclo de desenvolvimento segue uma abordagem específica: você primeiro escreve um teste que falha, depois escreve o código necessário para fazer o teste passar, e finalmente refatora o código para garantir que ele esteja eficiente e limpo. Essa metodologia é amplamente adotada em aplicações Rails, onde o framework RSpec se destaca como uma das ferramentas mais populares para escrever e gerenciar testes.

O **RSpec** é uma biblioteca de testes para Ruby que oferece uma sintaxe legível e expressiva para escrever testes de unidades, integração e comportamento. Uma das grandes vantagens de usar o RSpec é sua simplicidade e a forma como ele se integra perfeitamente ao ciclo de desenvolvimento Rails. Ele facilita a escrita de testes automatizados tanto para o backend (models, controllers) quanto para o frontend (views), promovendo uma cobertura de testes robusta que ajuda a prevenir bugs e regressões no código.

Para começar a usar o RSpec em sua aplicação Rails, a gem rspec-rails deve ser adicionada ao Gemfile no grupo de desenvolvimento e teste:

ruby

group :development, :test do

```
  gem 'rspec-rails'
end
```

Após instalar a gem com o comando bundle install, o RSpec pode ser configurado para a aplicação com o seguinte comando:

bash

```
rails generate rspec:install
```

Este comando cria a estrutura de pastas e arquivos necessária para o RSpec, incluindo os diretórios spec/ onde os testes serão armazenados. A partir desse ponto, você pode começar a criar testes para garantir que cada parte da sua aplicação funcione conforme o esperado.

No TDD, o ciclo básico de desenvolvimento é o seguinte:

1. **Escreva um teste que falhe:** A primeira etapa é escrever um teste que falha, porque a funcionalidade ainda não foi implementada. Isso define os requisitos para o código que você está prestes a escrever.
2. **Faça o teste passar:** Depois de ver o teste falhar, você escreve o mínimo de código necessário para fazer o teste passar. Isso ajuda a garantir que você está desenvolvendo apenas o necessário para cumprir o requisito do teste.
3. **Refatoração:** Depois que o teste passa, você refatora o código para melhorar sua estrutura, remover duplicações e garantir que ele seja limpo e eficiente, sem alterar o comportamento verificado pelos testes.

O ciclo vermelho-verde-refatorar é central ao TDD e ajuda a criar código que seja bem testado e fácil de manter.

Testes de models, controllers e views

Em uma aplicação Rails, os testes são geralmente divididos em três categorias principais: models, controllers e views. Cada um desses componentes desempenha um papel diferente na arquitetura MVC, e os testes devem garantir que todos eles funcionem corretamente.

Testes de Models

Os **models** em Rails são responsáveis por representar as entidades do sistema e interagir com o banco de dados. Eles contêm as validações, associações e a lógica de negócios da aplicação. Como os models são uma parte crítica da aplicação, garantir que eles estejam bem testados é fundamental.

Um teste de model típico envolve verificar se as validações estão funcionando corretamente e se os métodos definidos no model retornam os resultados esperados. Com o RSpec, é simples escrever esses testes. Por exemplo, suponha que temos um modelo Post com uma validação de presença para o título:

ruby

```ruby
class Post < ApplicationRecord
  validates :title, presence: true
end
```

O teste para esse model poderia ser escrito da seguinte maneira:

ruby

```ruby
require 'rails_helper'

RSpec.describe Post, type: :model do
  it 'is valid with a title' do
    post = Post.new(title: 'Meu primeiro post')
    expect(post).to be_valid
  end
end
```

```
  it 'is invalid without a title' do
    post = Post.new(title: nil)
    expect(post).not_to be_valid
  end
end
```

Aqui, o primeiro teste verifica se um post com um título é válido, enquanto o segundo garante que um post sem título seja considerado inválido, conforme a validação definida no modelo.

Além das validações, é comum testar associações e métodos personalizados no model. O RSpec fornece uma sintaxe limpa para essas verificações. Suponha que um Post tenha muitos comentários:

ruby

```
RSpec.describe Post, type: :model do
  it { should have_many(:comments) }
end
```

Este teste garante que a associação entre posts e comentários esteja configurada corretamente.

Testes de Controllers

Os controllers são responsáveis por lidar com as requisições HTTP e coordenar as interações entre os models e as views. Testar controllers garante que as ações estejam retornando as respostas corretas e manipulando os dados adequadamente.

Um teste comum para um controller envolve verificar se a ação index está retornando a lista de posts corretamente:

ruby

```
require 'rails_helper'

RSpec.describe PostsController, type: :controller do
```

```ruby
describe 'GET #index' do
  it 'returns a success response' do
    get :index
    expect(response).to be_successful
  end

  it 'assigns @posts' do
    post = Post.create!(title: 'Meu post')
    get :index
    expect(assigns(:posts)).to eq([post])
  end
end
end
```

O primeiro teste garante que a requisição para a action index retorna uma resposta de sucesso. O segundo teste verifica se a variável de instância @posts foi corretamente atribuída com a lista de posts do banco de dados.

Controllers também podem ser testados para verificar o comportamento em caso de redirecionamentos, criação de registros ou manipulação de parâmetros. O RSpec permite que esses cenários sejam testados de maneira clara e organizada, garantindo que a lógica do controller esteja funcionando conforme o esperado.

Testes de Views

Embora os testes de views sejam menos comuns, é possível garantir que as views estejam renderizando corretamente e exibindo os dados apropriados. O RSpec fornece uma maneira simples de verificar se o conteúdo HTML esperado está sendo gerado corretamente.

Por exemplo, um teste para verificar se a página de exibição de um post está mostrando o título corretamente:

ruby

```
require 'rails_helper'

RSpec.describe 'posts/show', type: :view do
  it 'displays the post title' do
    assign(:post, Post.new(title: 'Meu título incrível'))

    render

    expect(rendered).to include('Meu título incrível')
  end
end
```

Esse teste assegura que a view de exibição (show) renderiza o título do post na página, utilizando a função render para simular a renderização da view e expect para verificar se o título está presente no HTML gerado.

Uso de factories e mocks em testes

Escrever testes eficazes e limpos depende do uso de factories e mocks, que são ferramentas importantes para reduzir duplicação de código e garantir que os testes sejam rápidos e fáceis de manter.

Factories são uma maneira eficiente de criar objetos para os testes, sem precisar escrever manualmente cada atributo do objeto a cada teste. A gem FactoryBot é amplamente utilizada em projetos Rails para esse fim.

Primeiro, adicione a gem ao Gemfile:

ruby

```
gem 'factory_bot_rails'
```

Depois de instalar a gem, você pode definir **factories** em arquivos separados para cada modelo. Por exemplo, uma factory para o modelo Post pode ser definida assim:

ruby

```
FactoryBot.define do
  factory :post do
    title { 'Título padrão' }
    body { 'Corpo do post padrão' }
  end
end
```

Agora, em vez de criar objetos manualmente em cada teste, você pode usar a factory para gerar posts com dados padrão:

ruby

```
let(:post) { create(:post) }

it 'is valid with default attributes' do
  expect(post).to be_valid
end
```

Factories facilitam a criação de objetos complexos para testes, economizando tempo e tornando os testes mais claros.

Além das factories, o uso de **mocks** e **stubs** é crucial para testar interações entre objetos e simular comportamentos sem executar o código real. Isso é útil quando você deseja testar uma funcionalidade sem depender de serviços externos ou de métodos que não são o foco do teste.

Por exemplo, para testar uma ação que depende de um serviço externo, você pode simular a resposta esperada:

ruby

```
allow(SomeService).to receive(:call).and_return('resultado esperado')
```

Dessa forma, o teste pode se concentrar no comportamento da aplicação, sem depender de fatores externos ou incorrer em tempo de execução desnecessário.

Com o uso de TDD, testes automatizados para models, controllers e views, e ferramentas poderosas como FactoryBot e mocks, você pode garantir que sua aplicação Rails seja robusta e resiliente, com menos risco de bugs e regressões. Os testes automatizados permitem que você faça alterações no código com confiança, sabendo que as funcionalidades essenciais estão cobertas por uma suíte de testes abrangente e eficiente.

CAPÍTULO 13: ENVIO DE EMAILS COM RAILS

Configuração de mailers

O envio de emails é uma funcionalidade essencial para muitas aplicações web. Seja para confirmar o registro de um usuário, enviar notificações transacionais ou disparar campanhas de marketing, o **Rails** oferece uma poderosa infraestrutura para gerenciar o envio de emails de forma simples e eficaz, utilizando os **Action Mailers**. Os mailers em Rails são responsáveis por configurar, formatar e enviar emails para os usuários, facilitando a integração com diferentes serviços de email.

Para começar, o primeiro passo é configurar o mailer da sua aplicação. Isso pode ser feito gerando um mailer com o comando Rails CLI:

bash

```
rails generate mailer UserMailer
```

Este comando cria um arquivo app/mailers/user_mailer.rb e uma pasta app/views/user_mailer/ para os templates de email. O mailer funciona de forma semelhante a um controller, mas em vez de renderizar views para o navegador, ele renderiza templates de email e os envia para os destinatários.

A seguir, é necessário configurar as credenciais do servidor de email que a aplicação utilizará para enviar as mensagens. Essas configurações são normalmente definidas no arquivo config/environments/production.rb para o ambiente de produção, ou em config/environments/development.rb para o ambiente de desenvolvimento.

Por exemplo, para configurar o envio de emails utilizando o Gmail, você pode adicionar as seguintes linhas no arquivo de configuração do ambiente:

ruby

```
config.action_mailer.delivery_method = :smtp
config.action_mailer.smtp_settings = {
  address:          'smtp.gmail.com',
  port:             587,
  domain:           'example.com',
  user_name:        '<seu-email>@gmail.com',
  password:         '<sua-senha>',
  authentication:   'plain',
  enable_starttls_auto: true
}
```

Além disso, é necessário definir o host da aplicação para que os links nos emails, como confirmações de conta ou redefinições de senha, funcionem corretamente:

ruby

```
config.action_mailer.default_url_options = { host: 'www.seu-site.com' }
```

Depois de configurar o mailer e o serviço de email, você pode começar a definir os métodos do mailer. Por exemplo, para enviar um email de boas-vindas após um usuário se registrar, você pode criar um método welcome_email no UserMailer:

ruby

```
class UserMailer < ApplicationMailer
  default from: 'notificacoes@seu-site.com'

  def welcome_email(user)
    @user = user
```

```
  @url = 'http://seu-site.com/login'
  mail(to: @user.email, subject: 'Bem-vindo ao Meu Site!')
 end
end
```

O método mail é utilizado para enviar o email, com os parâmetros to e subject especificando o destinatário e o assunto da mensagem. A variável de instância @user pode ser usada no template de email para personalizar o conteúdo da mensagem.

Templates de email

Os templates de email são a forma como você define o conteúdo visual e textual das mensagens enviadas. O Rails permite criar templates utilizando ERB (Embedded Ruby), semelhante ao que é feito nas views da aplicação. Ao gerar um mailer, o Rails cria uma pasta correspondente em app/views onde os templates podem ser armazenados. Por exemplo, para o método welcome_email definido anteriormente, o template HTML correspondente seria criado em app/views/user_mailer/welcome_email.html.erb.

Aqui está um exemplo simples de template HTML para o email de boas-vindas:

erb

```
<!DOCTYPE html>
<html>
  <head>
    <meta content='text/html; charset=UTF-8' http-equiv='Content-Type' />
  </head>
  <body>
    <h1>Bem-vindo, <%= @user.name %>!</h1>
    <p>Obrigado por se cadastrar no nosso site. Você pode acessar sua conta <a href="<%= @url %>">clicando aqui</a>.</
```

```
p>
   <p>Atenciosamente,<br>Equipe do Meu Site</p>
  </body>
</html>
```

O template utiliza ERB para incluir variáveis Ruby no corpo do email, como o nome do usuário (@user.name) e o link de acesso (@url). O Rails também permite criar versões de texto puro dos emails, garantindo que usuários que não possam visualizar HTML recebam uma versão legível da mensagem. O template de texto puro para o email de boas-vindas seria criado como app/views/user_mailer/welcome_email.text.erb:

erb

```
Bem-vindo, <%= @user.name %>!

Obrigado por se cadastrar no nosso site. Você pode acessar sua
conta clicando no link abaixo:
<%= @url %>

Atenciosamente,
Equipe do Meu Site
```

Ao enviar o email, o Rails detecta automaticamente se o destinatário pode renderizar HTML ou se deve receber a versão de texto puro.

O uso de **layouts** para emails também é suportado, permitindo que você crie uma estrutura comum para todos os emails enviados pela aplicação. O layout pode incluir cabeçalhos, rodapés ou estilos compartilhados entre os diferentes tipos de email. O layout padrão dos emails é armazenado em app/views/layouts/mailer.html.erb:

erb

```
<!DOCTYPE html>
<html>
```

```
<head>
  <meta content='text/html; charset=UTF-8' http-
equiv='Content-Type' />
</head>
<body>
  <header>
    <h1>Meu Site</h1>
  </header>
  <%= yield %>
  <footer>
    <p>Você está recebendo este email porque se cadastrou em
nosso site.</p>
  </footer>
</body>
</html>
```

O yield no layout renderiza o conteúdo do template de email, garantindo que o cabeçalho e o rodapé sejam incluídos automaticamente em todas as mensagens.

Envio de emails transacionais e de marketing

Emails podem ser classificados em dois tipos principais: transacionais e de marketing. Embora ambos possam ser enviados utilizando a mesma infraestrutura de mailer em Rails, eles servem a propósitos diferentes e têm requisitos distintos em termos de conteúdo e frequência de envio.

Os emails transacionais são mensagens disparadas em resposta a uma ação específica do usuário, como o registro em um site, a redefinição de senha ou a confirmação de um pedido. Esses emails são enviados automaticamente e devem ser personalizados para o destinatário. Como são emails críticos para o funcionamento da aplicação, é importante garantir que eles sejam entregues rapidamente e que o conteúdo seja claro e relevante.

Exemplos de emails transacionais incluem:

- Confirmação de registro.

- Recuperação de senha.

- Confirmação de pedido.

- Notificações de alterações na conta.

O envio de emails transacionais em Rails pode ser configurado para ocorrer em segundo plano, utilizando **Active Job** em conjunto com uma fila de trabalho como Sidekiq. Isso garante que o processo de envio de email não afete o tempo de resposta da aplicação. Para configurar o envio de emails em segundo plano, basta adicionar a opção deliver_later ao método mail:

ruby

```
UserMailer.welcome_email(@user).deliver_later
```

Assim coloca-se a tarefa de envio do email em uma fila, permitindo que a aplicação continue a responder ao usuário enquanto o email é enviado de forma assíncrona.

Por outro lado, os emails de marketing são enviados em massa para grandes listas de destinatários, com o objetivo de promover produtos, serviços ou eventos. Esses emails são menos críticos em termos de tempo de entrega, mas precisam ser bem segmentados e atraentes para garantir engajamento.

Ao contrário dos emails transacionais, os emails de marketing geralmente envolvem design mais elaborado e conteúdo promocional. Ferramentas como **ActionMailer** podem ser usadas em conjunto com APIs de provedores de serviços de email (como SendGrid ou MailChimp) para gerenciar o envio em larga escala e garantir que os emails cheguem nas caixas de entrada dos usuários, evitando problemas de spam.

Um exemplo de como integrar o SendGrid com Rails para envio de emails em massa:

1. **Adicione a gem** sendgrid-ruby **ao** Gemfile:

ruby

```
gem 'sendgrid-ruby'
```

2. **Configure as credenciais de API do SendGrid em seu arquivo** config/environments/production.rb:

ruby

```
config.action_mailer.delivery_method = :smtp
config.action_mailer.smtp_settings = {
  address:        'smtp.sendgrid.net',
  port:           587,
  domain:         'example.com',
  user_name:      'apikey',
  password:       ENV['SENDGRID_API_KEY'],
  authentication: :plain,
  enable_starttls_auto: true
}
```

3. **Envie o email de marketing utilizando as listas de contatos criadas no SendGrid:**

ruby

```
class MarketingMailer < ApplicationMailer
  def promotional_email(user)
```

```
    @user = user
    mail(to: @user.email, subject: 'Aproveite nossa oferta
exclusiva!')
  end
end
```

Os emails de marketing também podem ser programados para serem enviados em horários específicos ou em resposta a eventos, como aniversários de clientes ou lançamentos de produtos. Ao combinar campanhas de marketing com segmentação adequada e testes A/B, é possível otimizar a taxa de abertura e de conversão dessas mensagens.

Com a configuração adequada dos mailers, templates personalizados e a integração com serviços de email como SendGrid, sua aplicação Rails pode enviar emails transacionais e de marketing de forma eficiente e profissional. A capacidade de personalizar e automatizar o envio de emails em grande escala permite que sua aplicação mantenha uma comunicação eficaz e contínua com os usuários, seja para ações críticas como confirmações de conta ou para campanhas de marketing.

Além disso, para manter a qualidade dos emails de marketing, é fundamental monitorar métricas como a taxa de abertura, taxa de cliques e taxas de rejeição (bounce). Muitos serviços como o SendGrid, MailChimp ou Postmark oferecem painéis de controle para acompanhar esses dados e ajustar as campanhas conforme necessário. É importante também garantir que os emails sigam as regras de conformidade com a legislação de proteção de dados, como o GDPR na Europa ou o CAN-SPAM Act nos Estados Unidos, incluindo opções de cancelamento de inscrição (opt-out) em cada email.

Para emails de marketing mais complexos, com segmentação avançada e personalização de conteúdo, a integração com ferramentas de CRM ou automação de marketing é altamente recomendada. Isso permite que você envie emails direcionados com base no comportamento do usuário, aumentando a relevância das mensagens e, consequentemente, o engajamento.

Por fim, ao implementar tanto emails transacionais quanto de marketing, o principal objetivo é garantir que a comunicação com o usuário seja eficiente, segura e personalizada, mantendo um alto nível de satisfação e aumentando o engajamento com a aplicação ou o serviço oferecido.

Com essas práticas de configuração de mailers, criação de templates de email eficazes e integração com ferramentas de envio de emails transacionais e de marketing, sua aplicação Rails estará preparada para lidar com todas as necessidades de comunicação por email, seja em pequenos volumes ou em campanhas massivas.

CAPÍTULO 14: WEBSOCKETS E RAILS

Introdução a Action Cable

WebSockets são uma tecnologia que permite a comunicação bidirecional em tempo real entre o servidor e o cliente em uma única conexão persistente. Isso permite a criação de funcionalidades interativas e dinâmicas como chats, notificações em tempo real e atualizações ao vivo sem a necessidade de recarregar a página. O Rails oferece suporte nativo para WebSockets através do **Action Cable**, que integra de forma simples a comunicação em tempo real com o restante da aplicação Rails.

Action Cable permite que o desenvolvimento em tempo real seja feito dentro da arquitetura **MVC** do Rails, o que significa que você pode usar os mesmos modelos, controllers e views para lidar com conexões WebSocket. Essa integração torna Rails uma excelente escolha para aplicações que necessitam de interatividade em tempo real, como sistemas de chat, aplicativos de colaboração ou painéis de monitoramento de dados.

Para configurar o Action Cable em uma aplicação Rails, não é necessário adicionar nenhuma gem adicional. O Action Cable já vem incluído no Rails. A configuração básica pode ser encontrada no arquivo config/cable.yml, que define os adaptadores usados para gerenciar as conexões WebSocket. Por padrão, o Rails utiliza o adaptador Redis, que é recomendado para produção devido à sua capacidade de lidar com um grande número de conexões simultâneas.

A seguir está um exemplo básico de configuração para o

ambiente de produção, utilizando Redis:

yaml

```yaml
production:
  adapter: redis
  url: redis://localhost:6379/1
  channel_prefix: myapp_production
```

Após configurar o ambiente, o próximo passo é criar um **canal**. Um canal no Action Cable é similar a um controller no MVC: ele gerencia as conexões WebSocket e responde às mensagens enviadas pelos clientes. Para gerar um canal, utilize o seguinte comando Rails:

bash

```bash
rails generate channel Chat
```

Isso criará dois arquivos: um no lado do servidor (app/channels/chat_channel.rb) e um no lado do cliente (app/javascript/channels/chat_channel.js). O arquivo no lado do servidor define a lógica que será executada quando os clientes se conectarem ao canal, enquanto o arquivo no lado do cliente gerencia as interações WebSocket no navegador.

Aqui está um exemplo básico de como configurar o ChatChannel no lado do servidor:

ruby

```ruby
class ChatChannel < ApplicationCable::Channel
  def subscribed
    stream_from "chat_#{params[:room]}"
  end

  def unsubscribed
    # Cleanup logic when the client disconnects
  end
```

```
  def send_message(data)
    ActionCable.server.broadcast "chat_#{params[:room]}",
message: data['message']
  end
end
```

Neste exemplo, quando o cliente se conecta, ele se inscreve em um "stream" baseado em um parâmetro de sala (room). Quando uma mensagem é recebida, o método send_message a transmite para todos os clientes conectados àquela sala.

Implementando funcionalidades em tempo real (chat, notificações)

Uma das aplicações mais comuns de WebSockets em Rails é a criação de funcionalidades de **chat em tempo real**. Com o Action Cable, é possível implementar um sistema de chat que permite que os usuários enviem mensagens uns aos outros sem a necessidade de atualizar a página.

No lado do cliente, o Action Cable facilita a conexão ao canal WebSocket e o envio/recebimento de mensagens. O arquivo app/javascript/channels/chat_channel.js gerado anteriormente pode ser configurado da seguinte maneira:

javascript

```javascript
import consumer from "./consumer"

consumer.subscriptions.create({ channel: "ChatChannel", room: "Sala1" }, {
  received(data) {
    const messages = document.getElementById('messages')
    messages.innerHTML += `<p>${data.message}</p>`
  },

  send_message(message) {
```

```
  this.perform('send_message', { message: message })
 }
})
```

Neste código, o cliente se inscreve no ChatChannel e, sempre que uma nova mensagem for transmitida pelo servidor, o conteúdo da mensagem é adicionado ao elemento HTML com o ID messages. O método send_message permite que o cliente envie uma mensagem ao servidor, que então a transmite para todos os usuários conectados àquela sala.

Para que o chat funcione, é necessário um formulário HTML simples que capture as mensagens do usuário e as envie para o servidor:

html

```html
<div id="messages"></div>
<form id="new_message">
  <input type="text" id="message_content">
  <input type="submit" value="Enviar">
</form>

<script>
  document.getElementById('new_message').addEventListener(
'submit', function(e) {
    e.preventDefault()
    const messageContent =
document.getElementById('message_content').value
    chatChannel.send_message(messageContent)
    document.getElementById('message_content').value = "
  })
</script>
```

Com essa configuração, um sistema de chat em tempo real está funcional. As mensagens são enviadas para o canal WebSocket e transmitidas instantaneamente para todos os usuários conectados à sala.

Além de sistemas de chat, o Action Cable também é útil para implementar **notificações em tempo real**, como avisos de novas mensagens, atualizações de status ou eventos importantes. Um sistema de notificações em tempo real pode ser configurado de forma similar ao chat, mas transmitindo notificações para todos os usuários, independentemente de estarem em uma sala específica.

Por exemplo, para enviar notificações globais a todos os usuários conectados, você pode modificar o canal para transmitir mensagens para um stream global:

ruby

```ruby
class NotificationChannel < ApplicationCable::Channel
  def subscribed
    stream_from "notifications"
  end

  def unsubscribed
    # Cleanup logic when the client disconnects
  end
end
```

Quando o servidor precisa enviar uma notificação, ele pode transmitir para todos os usuários:

ruby

```ruby
ActionCable.server.broadcast "notifications", title: "Nova notificação", body: "Você tem uma nova mensagem!"
```

No lado do cliente, as notificações podem ser exibidas dinamicamente:

javascript

```javascript
consumer.subscriptions.create("NotificationChannel", {
```

```
received(data) {
  alert(`${data.title}: ${data.body}`)
 }
})
```

Assim cria-se um sistema de notificações em tempo real que pode ser utilizado para alertar os usuários sobre eventos importantes ou mudanças em seus estados.

Gestão de conexões WebSocket

Gerenciar **conexões WebSocket** é uma parte importante do desenvolvimento de funcionalidades em tempo real. Diferentemente das requisições HTTP tradicionais, as conexões WebSocket são persistentes, o que significa que os clientes permanecem conectados ao servidor durante toda a sessão, consumindo recursos no servidor. Portanto, é essencial implementar uma gestão eficiente dessas conexões.

O Rails, com o Action Cable, facilita a gestão de assinaturas (subscriptions) e desconexões. O método subscribed é chamado quando o cliente se conecta ao canal, e o método unsubscribed é invocado quando a conexão é encerrada. Isso permite limpar ou gerenciar qualquer recurso que esteja associado à conexão.

Um desafio comum é garantir que as conexões WebSocket sejam escaláveis. Para lidar com um grande número de conexões simultâneas, é recomendado utilizar Redis como adaptador de back-end para gerenciar o estado das conexões e a troca de mensagens. O Redis é extremamente eficiente em lidar com múltiplas conexões, pois atua como um intermediário entre os clientes e o servidor Rails, garantindo que todas as mensagens sejam entregues rapidamente e de forma escalável.

Outro aspecto importante na gestão de conexões é a segurança. É crucial garantir que apenas usuários autorizados possam se conectar a certos canais ou enviar mensagens. O Rails permite que você autentique conexões WebSocket usando o método connection no app/channels/application_cable/connection.rb. Aqui, você pode verificar se o usuário está autenticado antes de permitir a conexão:

ruby

```ruby
module ApplicationCable
  class Connection < ActionCable::Connection::Base
    identified_by :current_user

    def connect
      self.current_user = find_verified_user
      reject_unauthorized_connection unless current_user
    end

    private

    def find_verified_user
      if (current_user = User.find_by(id: cookies.signed[:user_id]))
        current_user
      else
        reject_unauthorized_connection
      end
    end
  end
end
```

Essa verificação garante que apenas usuários autenticados possam estabelecer uma conexão WebSocket, o que é fundamental para proteger recursos sensíveis da aplicação.

Além da autenticação, é importante monitorar e gerenciar o número de conexões ativas para evitar sobrecarga no servidor. Ferramentas de monitoramento como Prometheus e Grafana podem ser integradas à sua aplicação para fornecer métricas em tempo real sobre o uso de WebSockets, ajudando a ajustar a capacidade do servidor conforme necessário.

Considerações finais sobre WebSockets e Rails

A implementação de WebSockets com Action Cable no Rails oferece uma maneira poderosa de adicionar funcionalidades em tempo real à sua aplicação, mantendo a simplicidade e a organização da arquitetura MVC. Com a flexibilidade de criar canais personalizados, transmitir mensagens em tempo real e gerenciar conexões, o Action Cable torna o desenvolvimento de aplicações interativas mais acessível e escalável.

As principais considerações ao usar WebSockets em produção incluem garantir a escalabilidade com Redis, implementar autenticação adequada para proteger os canais e monitorar o uso de recursos para evitar sobrecargas no servidor.

Com a gestão adequada de conexões, você pode criar experiências dinâmicas e responsivas para os usuários, melhorando a interatividade e o engajamento com a aplicação. Seja para chat em tempo real, notificações ao vivo ou atualizações instantâneas, a integração de WebSockets com Rails através do **Action Cable** torna essas funcionalidades acessíveis e eficientes, permitindo que você forneça experiências de usuário de alto nível.

Ao longo deste capítulo, exploramos as funcionalidades centrais do Action Cable, como a configuração de canais, a implementação de sistemas de chat em tempo real e notificações, bem como a gestão de conexões WebSocket com segurança e escalabilidade. Ao dominar essas técnicas, você poderá expandir as capacidades da sua aplicação Rails e atender a demandas cada vez maiores por interatividade e comunicação em tempo real.

Implementações avançadas

Além das funcionalidades básicas de comunicação em tempo

real, Rails oferece a possibilidade de combinar WebSockets com outras tecnologias para criar sistemas mais avançados. Algumas opções incluem:

1. **Real-time dashboards**: Usando WebSockets para enviar dados atualizados em tempo real para dashboards, permitindo monitoramento constante de métricas ou eventos.
2. **Colaboração em tempo real**: Para ferramentas como editores de texto colaborativos ou aplicativos de desenho, WebSockets podem ser usados para sincronizar ações entre múltiplos usuários instantaneamente.
3. **Jogos multiusuário**: A comunicação rápida e bidirecional oferecida pelos WebSockets é ideal para criar jogos online em que a interação entre os jogadores seja essencial.

Esses cenários demonstram a flexibilidade e a escalabilidade oferecidas pelos WebSockets quando integrados ao Rails, permitindo que você crie soluções dinâmicas e inovadoras para sua aplicação.

Com WebSockets bem implementados, sua aplicação Rails se torna mais competitiva, moderna e preparada para lidar com a crescente demanda por funcionalidades em tempo real no ambiente web.

CAPÍTULO 15: TAREFAS ASSÍNCRONAS E BACKGROUND JOBS

Configuração de Sidekiq e Active Job

Em muitas aplicações web, há momentos em que determinadas tarefas podem levar mais tempo para serem processadas, como o envio de emails em massa, a geração de relatórios complexos ou a integração com APIs externas. Essas tarefas, quando executadas de forma síncrona, podem impactar diretamente o desempenho da aplicação, tornando-a mais lenta e menos responsiva. É aí que entram as tarefas assíncronas e os background jobs, que permitem que essas operações pesadas sejam executadas em segundo plano, sem afetar a experiência do usuário.

No ecossistema Rails, há várias opções para lidar com tarefas assíncronas, e uma das mais populares e poderosas é o Sidekiq. Sidekiq é uma ferramenta de processamento de jobs em background que utiliza o Redis como sistema de enfileiramento, sendo conhecida por sua eficiência e escalabilidade. Além disso, o Rails oferece suporte nativo para background jobs através do Active Job, uma camada de abstração que permite o uso de diferentes bibliotecas de enfileiramento, incluindo o Sidekiq.

Para começar a usar o Sidekiq em uma aplicação Rails, o primeiro passo é adicionar a gem sidekiq ao seu arquivo Gemfile:

ruby

```ruby
gem 'sidekiq'
```

Depois de adicionar a gem, execute o comando bundle install

para instalá-la. Em seguida, você precisa configurar o Sidekiq como o adaptador padrão para o Active Job. Isso pode ser feito no arquivo config/application.rb:

ruby

```
config.active_job.queue_adapter = :sidekiq
```

Com essa configuração, todos os jobs em background que você definir usando o Active Job serão automaticamente enfileirados e processados pelo Sidekiq. Para que o Sidekiq funcione corretamente, é necessário também configurar o Redis. Em ambiente de produção, é recomendado utilizar um serviço de Redis hospedado, como o **Redis Labs** ou o **Amazon ElastiCache**, mas em desenvolvimento, você pode rodar o Redis localmente.

Para iniciar o Redis localmente, execute o seguinte comando (assumindo que você já tenha o Redis instalado):

bash

```
redis-server
```

Depois, inicie o Sidekiq com o seguinte comando:

bash

```
bundle exec sidekiq
```

Isso coloca o Sidekiq em execução, monitorando a fila de jobs em background. Com o Sidekiq configurado, o próximo passo é criar e enfileirar tarefas assíncronas usando o Active Job.

Enfileiramento de tarefas assíncronas

O **Active Job** fornece uma interface simples e unificada para enfileirar e processar jobs assíncronos em Rails. Ele permite que você escreva jobs de maneira consistente, independentemente do adaptador de enfileiramento que esteja utilizando (Sidekiq, Delayed Job, Resque, entre outros). Com o Sidekiq configurado como adaptador, você pode criar jobs em background facilmente.

Para gerar um job no Rails, utilize o seguinte comando:

bash

```
rails generate job EnviarEmail
```

Esse comando cria um arquivo app/jobs/enviar_email_job.rb, onde a lógica do job será definida. O job pode ser estruturado assim:

ruby

```ruby
class EnviarEmailJob < ApplicationJob
  queue_as :default

  def perform(user)
    UserMailer.welcome_email(user).deliver_now
  end
end
```

Neste exemplo, o job EnviarEmailJob utiliza o **Action Mailer** para enviar um email de boas-vindas a um usuário. A linha queue_as :default define que o job será enfileirado na fila padrão do Sidekiq. Quando o job for enfileirado, ele será processado em segundo plano pelo Sidekiq, permitindo que a aplicação continue respondendo a outras requisições sem atraso.

Para enfileirar o job, você pode chamá-lo da seguinte maneira:

ruby

```ruby
EnviarEmailJob.perform_later(@user)
```

O método perform_later é usado para enfileirar o job, garantindo que ele seja executado em segundo plano. Se você preferir executar o job imediatamente, pode utilizar perform_now, mas isso não será feito de forma assíncrona, o que geralmente não é o comportamento desejado.

Além de jobs simples como o envio de emails, o Active Job permite o enfileiramento de tarefas mais complexas, como a geração de relatórios, a importação de grandes volumes de dados ou a execução de scripts demorados. Cada job é enfileirado com seus parâmetros, permitindo que o sistema processe as tarefas de maneira eficiente e escalável.

O Active Job também permite o enfileiramento de tarefas com **atraso**. Por exemplo, se você quiser agendar o envio de um email para ser disparado em uma hora, pode usar o seguinte comando:

ruby

```
EnviarEmailJob.set(wait: 1.hour).perform_later(@user)
```

Esse job será enfileirado e processado uma hora após ser enfileirado. Isso é útil para tarefas que precisam ser executadas em horários específicos, como lembretes ou notificações.

Otimizando desempenho com jobs em background

Ao implementar jobs em background, a eficiência e a escalabilidade são fatores cruciais para garantir que o sistema possa lidar com grandes volumes de dados e requisições sem comprometer o desempenho. A seguir estão algumas práticas recomendadas para otimizar o desempenho de jobs em background em Rails utilizando o Sidekiq e o Active Job.

1. **Fila de prioridades**: O Sidekiq permite que você defina diferentes níveis de prioridade para suas filas de jobs. Isso significa que você pode garantir que tarefas mais críticas sejam processadas antes de outras tarefas menos urgentes. Para definir a fila de um job, basta

alterar o parâmetro queue_as:

ruby

```ruby
class EnviarEmailJob < ApplicationJob
  queue_as :emails_importantes
end
```

Você também pode configurar o Sidekiq para processar diferentes filas com diferentes quantidades de workers, garantindo que as filas de alta prioridade tenham mais recursos alocados.

2. **Fragmentação de jobs**: Para tarefas que envolvem grandes volumes de dados, como a importação de um arquivo CSV com milhares de linhas, é recomendável dividir a tarefa em jobs menores, ao invés de tentar processar tudo em um único job. Dividir o processamento em múltiplos jobs menores reduz a carga em cada execução e melhora o gerenciamento de recursos.

Por exemplo, ao processar um grande arquivo CSV, você pode criar um job separado para cada lote de linhas:

ruby

```ruby
class ProcessarCsvJob < ApplicationJob
  queue_as :default

  def perform(file_path, start_line, end_line)
    CSV.foreach(file_path, headers: true).with_index(1) do |row, line_num|
      next if line_num < start_line
      break if line_num > end_line
```

```
    # Processar a linha do CSV
    end
  end
end
```

Aqui, cada job processa apenas uma parte do arquivo, distribuindo o trabalho ao longo de múltiplos jobs e otimizando o desempenho geral.

3. **Retries automáticos**: O Sidekiq possui um sistema integrado de retries automáticos para jobs que falham. Quando um job falha, o Sidekiq tenta reexecutá-lo automaticamente após um intervalo crescente. Isso é útil para lidar com falhas temporárias, como problemas de rede ou sobrecarga de API. No entanto, é importante garantir que seus jobs sejam **idempotentes** (ou seja, que possam ser executados várias vezes sem efeitos colaterais indesejados).

Por exemplo, se um job de envio de email falhar, ele pode ser reexecutado com segurança, pois enviar o mesmo email duas vezes não é prejudicial. No entanto, se o job estiver processando um pagamento, é essencial garantir que a cobrança não seja feita duas vezes.

4. **Monitoramento e logging**: Monitorar o desempenho dos jobs em background é essencial para identificar gargalos ou falhas no sistema. O Sidekiq oferece um painel de administração que permite visualizar o status das filas, a quantidade de jobs processados, os tempos de execução e as falhas. Para ativar o painel de administração, adicione as seguintes linhas ao seu arquivo config/routes.rb:

ruby

```
require 'sidekiq/web'
mount Sidekiq::Web => '/sidekiq'
```

Agora, você pode acessar o painel em http://localhost:3000/ sidekiq (ou no domínio de produção) para monitorar o sistema. Além disso, garantir que os logs dos jobs sejam detalhados facilita a depuração de problemas. Sempre que um job falhar ou for reexecutado, é importante que os logs contenham informações suficientes para entender o que deu errado.

5. **Limites de memória e uso de CPU**: Em ambientes de produção, é importante monitorar o consumo de memória e CPU dos jobs. Jobs muito pesados podem sobrecarregar o servidor, afetando o desempenho geral da aplicação. Utilizar ferramentas como **New Relic** ou **Scout** para monitorar o uso de recursos e otimizar o código dos jobs ajuda a evitar problemas de performance.

6. **Gerenciamento de erros**: Nem todos os jobs falham por motivos transitórios. Algumas falhas podem ser definitivas, como dados incorretos ou falhas de autenticação. Em tais casos, é importante configurar **tratamento de erros personalizado**. Você pode, por exemplo, enviar notificações ao administrador da aplicação ou logar falhas em um sistema de monitoramento dedicado.

Ao seguir essas práticas e otimizar o uso de jobs em background, sua aplicação Rails estará preparada para lidar com um grande volume de tarefas de forma eficiente e escalável, sem impactar a experiência dos usuários. O uso combinado de Sidekiq, Active Job e Redis cria uma solução robusta para tarefas assíncronas, aumentando a flexibilidade e o desempenho da aplicação.

CAPÍTULO 16: DEPLOY DE APLICAÇÕES RAILS

Preparação de uma aplicação para produção

Uma das etapas mais importantes do ciclo de desenvolvimento de uma aplicação Rails é o deploy para produção. Preparar uma aplicação para esse ambiente envolve otimizações e configurações específicas para garantir que ela esteja segura, rápida e escalável. Embora o Rails ofereça uma estrutura poderosa para o desenvolvimento local, há várias considerações que devem ser feitas antes de colocá-la em um ambiente de produção.

Configurações de ambiente: Em produção, o Rails requer uma configuração diferente daquela utilizada em desenvolvimento. A primeira coisa a ser feita é garantir que o arquivo config/environments/production.rb esteja devidamente ajustado. Nele, você pode definir comportamentos essenciais, como o nível de logging, cache e compressão de ativos. Algumas opções importantes a serem verificadas são:

- o config.cache_classes = true: Garante que as classes sejam carregadas uma vez, otimizando a performance.

- o config.eager_load = true: Carrega todas as classes na inicialização da aplicação, necessário para o ambiente de produção.

- config.consider_all_requests_local = false: **Evita que** detalhes de erros sejam expostos aos usuários em produção.

- config.assets.compile = false: **Desativa a compilação** de ativos em runtime. Isso deve ser feito previamente, como veremos a seguir.

Precompilação de ativos: No ambiente de produção, o Rails não compila automaticamente os arquivos CSS e JavaScript a cada requisição. Para garantir uma performance otimizada, é necessário pré-compilar os ativos, como folhas de estilo, JavaScript e imagens. Isso pode ser feito com o comando:

bash

```
RAILS_ENV=production bundle exec rake assets:precompile
```

Esse comando gera uma versão minificada e otimizada dos ativos, que serão servidos diretamente ao navegador, reduzindo o tempo de carregamento da aplicação.

Uso de banco de dados em produção: O Rails utiliza o SQLite no ambiente de desenvolvimento por padrão, mas esse banco de dados não é adequado para produção devido à sua falta de suporte para concorrência. Em produção, é necessário utilizar um banco de dados robusto, como PostgreSQL ou MySQL. A configuração do banco de dados pode ser feita no arquivo config/ database.yml, onde você deve ajustar os detalhes da conexão para o ambiente de produção:
yaml

```
production:
  adapter: postgresql
  encoding: unicode
  database: meu_banco_producao
  pool: 5
  username: meu_usuario
  password: minha_senha
  host: localhost
```

Configuração de servidores web: A aplicação Rails deve ser executada por meio de um servidor web adequado, como o **Puma** ou **Unicorn**, que são otimizados para lidar com múltiplas requisições de forma eficiente. Em config/puma.rb, você pode ajustar o número de threads e workers de acordo com os recursos disponíveis no servidor de produção. Além disso, o servidor deve estar por trás de um proxy reverso, como o **Nginx**, para servir conteúdos estáticos e balancear a carga entre múltiplos processos Rails.

Segurança em produção: Garantir a segurança de uma aplicação cm produção é vital. Algumas boas práticas incluem:

- ○ **Forçar SSL**: Certifique-se de que todas as conexões sejam feitas através de HTTPS para proteger os dados dos usuários. Isso pode ser feito adicionando config.force_ssl = true **no arquivo** production.rb.

- ○ **Proteção contra CSRF**: Rails já oferece proteção contra Cross-Site Request Forgery (CSRF) por padrão, mas é importante garantir que ela esteja ativada para todas as requisições que alteram o estado da aplicação.

- ○ **Ambiente seguro**: Garanta que as variáveis de

ambiente, como chaves de API e senhas, estejam armazenadas de maneira segura, utilizando ferramentas como **dotenv** ou serviços de gerenciamento de segredos, como o AWS Secrets Manager.

Deploy usando Heroku e serviços cloud como AWS

Há diversas maneiras de realizar o deploy de uma aplicação Rails. Uma das opções mais acessíveis e rápidas é o Heroku, uma plataforma de nuvem que simplifica o processo de deploy e gerenciamento de aplicações. Outra abordagem mais flexível e robusta envolve o uso de serviços de nuvem como Amazon Web Services (AWS).

Deploy no Heroku

O Heroku permite que você faça o deploy de uma aplicação Rails com poucos comandos, eliminando a necessidade de configurar servidores ou lidar com o gerenciamento de infraestrutura. Para fazer o deploy no Heroku, siga os passos abaixo:

Instale a CLI do Heroku:
bash

```
brew tap heroku/brew && brew install heroku
```

Crie um novo aplicativo Heroku: Navegue até o diretório da sua aplicação Rails e execute:
bash

```
heroku create meu-app
```

Isso cria um novo aplicativo no Heroku e vincula seu repositório Git a ele.

Configurar PostgreSQL: O Heroku utiliza PostgreSQL como banco de dados padrão, então você pode adicionar o add-on PostgreSQL à sua aplicação:
bash

```
heroku addons:create heroku-postgresql:hobby-dev
```

Deploy via Git: Agora, você pode fazer o deploy da aplicação para o Heroku usando Git:
bash

```
git push heroku main
```

O Heroku detecta que sua aplicação é uma aplicação Rails e automaticamente instala as dependências, precompila os ativos e configura o servidor.

Migrações de banco de dados: Após o deploy, execute as migrações de banco de dados para garantir que o esquema esteja atualizado:
bash

```
heroku run rails db:migrate
```

Configuração de variáveis de ambiente: Para configurar variáveis de ambiente no Heroku, utilize o comando heroku config:set:
bash

```
heroku config:set RAILS_MASTER_KEY=chave_secreta
```

Com esses passos, sua aplicação Rails estará rodando no Heroku.

O Heroku também oferece ferramentas como **Heroku Pipelines** e **Review Apps**, que facilitam a automação de deploys e a criação de ambientes temporários para testes.

Deploy na AWS

O Amazon Web Services (AWS) oferece uma infraestrutura flexível e poderosa para hospedar aplicações Rails, com serviços como Elastic Beanstalk para automatizar o provisionamento e escalonamento de aplicações, e EC2 para maior controle sobre o ambiente de produção.

O Elastic Beanstalk é uma das formas mais fáceis de implantar uma aplicação Rails na AWS. Ele automatiza o provisionamento do servidor, balanceamento de carga, escalonamento automático e monitoramento.

Configurar o Elastic Beanstalk CLI: Instale o EB CLI para interagir com o Elastic Beanstalk:
bash

```
brew install awsebcli
```

Inicializar o Elastic Beanstalk: No diretório do projeto Rails, execute:
bash

```
eb init
```

Isso configura seu projeto para usar o Elastic Beanstalk. Você será solicitado a escolher a região da AWS e o nome da aplicação.

Criar um ambiente no Elastic Beanstalk: Para criar um novo ambiente de produção, execute:
bash

```
eb create nome-do-ambiente
```

Deploy da aplicação: Depois de configurar o ambiente, você pode fazer o deploy da aplicação com:
bash

```
eb deploy
```

Monitoramento e escalabilidade: O Elastic Beanstalk oferece escalonamento automático e integração com serviços como o **CloudWatch** para monitoramento em tempo real. Isso garante que sua aplicação seja escalada automaticamente com base na demanda.

Além disso, o AWS **EC2** pode ser usado para criar uma instância personalizada com maior controle sobre o ambiente de produção. Isso exige configurar manualmente o servidor, o banco de dados, e outros componentes necessários para rodar a aplicação. O EC2 oferece flexibilidade total, permitindo que você escolha as especificações do servidor e o sistema operacional.

Automação de deploys com Capistrano

O **Capistrano** é uma ferramenta popular para automação de deploys em aplicações Rails. Ele permite que você automatize o processo de deploy em servidores como EC2 ou outros provedores de VPS, tornando o processo mais rápido, consistente e menos propenso a erros.

Para começar a usar o Capistrano, adicione as gemas necessárias ao Gemfile:

ruby

```
gem 'capistrano', require: false
gem 'capistrano-rails', require: false
```

```
gem 'capistrano-passenger', require: false
gem 'capistrano-bundler', require: false
gem 'capistrano-rbenv', require: false
```

Após instalar as gems, inicialize o Capistrano no projeto:

bash

```
bundle exec cap install
```

Isso criará os arquivos de configuração necessários (Capfile e config/deploy.rb), onde você pode definir os detalhes do deploy, como o servidor remoto, as credenciais e o diretório da aplicação. Um exemplo de configuração básica seria:

ruby

```
server 'meu-servidor.com', user: 'deploy', roles: %w{app db web}

set :application, "minha_aplicacao"
set :repo_url, "git@github.com:meu-usuario/minha-aplicacao.git"
set :deploy_to, "/var/www/minha-aplicacao"
```

Agora, para realizar o deploy, basta rodar o comando:

bash

```
bundle exec cap production deploy
```

O Capistrano automatiza a clonagem do repositório, execução de migrações de banco de dados, precompilação de ativos e reinicialização do servidor. Isso garante que o processo de deploy seja repetível e confiável.

Considerações finais sobre o deploy

O deploy de uma aplicação Rails em produção envolve diversas etapas, desde a configuração correta do ambiente até a escolha da infraestrutura de cloud. Com o uso de ferramentas como Heroku, AWS Elastic Beanstalk e Capistrano, é possível garantir que sua aplicação esteja pronta para escalar e operar de forma eficiente, independentemente do volume de tráfego.

A escolha da abordagem de deploy depende das necessidades do projeto, com o Heroku sendo ideal para pequenos projetos que exigem simplicidade, enquanto o AWS oferece maior controle e flexibilidade para aplicações em larga escala. O Capistrano, por sua vez, automatiza e simplifica o processo de deploy para servidores gerenciados manualmente.

CAPÍTULO 17: SEGURANÇA EM APLICAÇÕES RAILS

Protegendo contra SQL Injection, CSRF e XSS

A segurança é uma das principais preocupações no desenvolvimento de qualquer aplicação web, e o Rails oferece uma série de mecanismos integrados para proteger suas aplicações contra ataques comuns, como SQL Injection, Cross-Site Request Forgery (CSRF) e Cross-Site Scripting (XSS). Entender como essas ameaças funcionam e como o Rails as mitiga é crucial para garantir que sua aplicação permaneça segura e resiliente.

SQL Injection

O SQL Injection é um dos ataques mais conhecidos e ocorre quando um invasor manipula as consultas SQL enviadas ao banco de dados, injetando código malicioso. Isso pode permitir que o invasor execute comandos SQL não autorizados, como apagar ou modificar dados, ou mesmo acessar informações sensíveis.

O Rails, por padrão, oferece uma proteção robusta contra SQL Injection através do uso do Active Record, que abstrai as consultas SQL e evita que parâmetros sejam diretamente interpolados nas consultas. Ao utilizar os métodos do Active Record, como where, find_by, e order, você automaticamente protege a aplicação de injeção de SQL, pois o Rails utiliza placeholders para inserir valores nas consultas.

Por exemplo, a seguinte consulta é segura contra SQL Injection:

ruby

```
User.where("email = ?", params[:email])
```

Aqui, o Rails usa uma consulta parametrizada, o que impede que o valor de params[:email] seja tratado como parte do código SQL. Se o usuário tentar inserir um valor malicioso, como ' OR 1=1;--, o Rails não o interpretará como uma parte da consulta SQL, evitando o ataque.

No entanto, se você interpolar os parâmetros diretamente na string SQL, poderá expor sua aplicação a ataques de SQL Injection. A seguinte abordagem é insegura e deve ser evitada:

ruby

```
User.where("email = '#{params[:email]}'")
```

Além de utilizar consultas parametrizadas, é importante garantir que seus modelos validem corretamente os dados de entrada e que qualquer interação direta com o banco de dados utilize os mecanismos seguros fornecidos pelo Active Record.

CSRF (Cross-Site Request Forgery)

O Cross-Site Request Forgery (CSRF) é um tipo de ataque que explora a confiança que um servidor tem em um navegador autenticado. Nesse ataque, um invasor convence o usuário autenticado a realizar uma ação não autorizada em um site confiável, sem o seu consentimento. Por exemplo, o invasor pode criar um link malicioso que executa uma ação como alterar a senha do usuário ou realizar uma transação financeira.

O Rails tem proteção CSRF ativada por padrão em todas as requisições que alteram o estado da aplicação, como POST, PUT, PATCH e DELETE. Isso é feito através do uso de tokens CSRF, que são gerados para cada sessão de usuário e incluídos em formulários e requisições Ajax. Quando uma requisição é enviada ao servidor, o token CSRF é verificado para garantir que a requisição seja legítima.

O token CSRF é incluído automaticamente em formulários Rails usando o helper form_with:

erb

```erb
<%= form_with model: @user, local: true do |form| %>
  <%= form.label :name %>
  <%= form.text_field :name %>
  <%= form.submit "Salvar" %>
<% end %>
```

Nesse caso, o Rails adiciona um campo oculto no formulário com o token CSRF. Ao enviar o formulário, o token é verificado pelo servidor para garantir que a requisição seja válida.

Para proteger requisições Ajax, você pode utilizar o helper rails-ujs, que injeta automaticamente o token CSRF em todas as requisições feitas com JavaScript:

javascript

```javascript
fetch('/posts', {
  method: 'POST',
  headers: {
    'X-CSRF-Token': document.querySelector('meta[name="csrf-token"]').getAttribute('content')
  },
  body: JSON.stringify({ title: 'Meu post' })
})
```

Se uma requisição for feita sem o token CSRF ou com um token inválido, o Rails responderá com um erro 403 Forbidden, evitando que a ação seja executada.

XSS (Cross-Site Scripting)

O Cross-Site Scripting (XSS) é um ataque onde um invasor injeta código JavaScript malicioso em uma página web, explorando falhas em como os dados do usuário são manipulados e exibidos. Isso pode permitir que o invasor roube informações sensíveis, como cookies de sessão, ou execute ações indesejadas em nome do usuário.

Para se proteger contra XSS, o Rails, por padrão, escapa automaticamente qualquer conteúdo dinâmico que é exibido nas views, garantindo que o HTML gerado seja seguro. Por exemplo, ao exibir o nome de um usuário em uma página, o Rails escapa os caracteres HTML para evitar a injeção de JavaScript:

erb

```erb
<%= @user.name %>
```

Se @user.name contiver caracteres especiais, como <script>, eles serão convertidos em entidades HTML (<script>), impedindo que o código seja executado pelo navegador. Essa proteção é aplicada automaticamente em todas as views.

No entanto, em casos onde você precise renderizar HTML diretamente (como quando você está exibindo conteúdo formatado pelo usuário), você deve usar o método html_safe com extrema cautela:

erb

```erb
<%= @post.body.html_safe %>
```

Isso desabilita a proteção contra XSS e deve ser usado apenas quando você tiver certeza de que o conteúdo foi previamente sanitizado e validado.

Configuração de HTTPS e SSL

O uso de **HTTPS** (HTTP Secure) é essencial para garantir a segurança das comunicações entre o navegador do usuário e o servidor. HTTPS criptografa todos os dados transmitidos, protegendo informações sensíveis, como credenciais de login, números de cartão de crédito e dados pessoais.

Em Rails, você pode forçar o uso de HTTPS em todas as requisições para garantir que os usuários sempre estejam navegando em uma conexão segura. Isso pode ser feito adicionando a seguinte linha no arquivo config/environments/production.rb:

ruby

```
config.force_ssl = true
```

Isso garante que todas as requisições HTTP sejam redirecionadas para HTTPS, além de ativar cabeçalhos de segurança adicionais, como o Strict-Transport-Security (HSTS), que instrui os navegadores a usarem HTTPS em todas as visitas futuras ao site.

Para utilizar HTTPS, você precisa de um certificado SSL válido, que pode ser obtido gratuitamente através de serviços como Let's Encrypt. A instalação do certificado depende do servidor web que você está utilizando (Nginx, Apache, etc.), mas, em geral, envolve configurar o servidor para usar o certificado e a chave privada fornecidos pelo provedor de SSL.

Além de proteger a transmissão de dados, a adoção de HTTPS também melhora a classificação da sua aplicação nos mecanismos de busca e aumenta a confiança dos usuários, que visualizam o ícone de cadeado indicando uma conexão segura.

Boas práticas de segurança em Rails

Além das proteções padrão oferecidas pelo Rails, há uma série de boas práticas que podem ser seguidas para garantir que sua aplicação seja o mais segura possível:

1. **Mantenha o Rails e as gemas atualizados**: Vulnerabilidades de segurança são descobertas regularmente em bibliotecas e frameworks, incluindo o Rails. Manter sua aplicação atualizada com as últimas versões do Rails e das gems garante que você tenha as correções mais recentes para problemas de segurança conhecidos.

2. **Use autenticação segura**: Ao implementar a autenticação de usuários, certifique-se de que as senhas sejam armazenadas de maneira segura, utilizando **hashing** com o algoritmo **bcrypt**, que já é o padrão no Rails. Evite armazenar senhas ou informações sensíveis em texto claro.

3. **Implemente políticas de senha forte**: Garanta que os usuários criem senhas seguras, exigindo um comprimento mínimo e a inclusão de caracteres especiais, números e letras maiúsculas. Isso dificulta ataques de força bruta.

4. **Proteja rotas administrativas**: Rotas sensíveis, como painéis de administração ou áreas de configuração de usuários, devem ser protegidas com autenticação adicional e, se possível, acessíveis apenas a partir de um conjunto restrito de endereços IP.

5. **Limitar o uso de cookies**: Cookies que armazenam informações sensíveis, como tokens de autenticação, devem ser marcados como **HttpOnly** e **Secure**, o que impede que o JavaScript no navegador acesse os cookies e garante que eles sejam transmitidos apenas através de conexões HTTPS.

6. **Use gems de segurança**: Há várias gems que podem ser integradas ao Rails para aumentar a segurança. A gem **brakeman**, por exemplo, realiza uma análise estática do código da aplicação, identificando potenciais vulnerabilidades de segurança. A gem **rack-attack** pode ser usada para proteger a aplicação contra

ataques de força bruta e requisições maliciosas.

7. **Rate Limiting**: Para proteger sua aplicação contra ataques de força bruta, implemente **rate limiting**, limitando o número de requisições que um IP pode fazer em um determinado intervalo de tempo. Isso pode ser feito usando a gem **rack-attack**, que permite definir limites de requisições por rota ou endpoint.

8. **Validação de entrada de dados**: Sempre valide e sanitizar qualquer dado que venha de fontes externas, como formulários de usuários ou APIs. Isso ajuda a garantir que dados malformados ou maliciosos não afetem a segurança ou a integridade da aplicação.

9. **Monitoramento contínuo**: Utilize ferramentas de monitoramento para acompanhar a atividade da aplicação e detectar comportamentos suspeitos. Ferramentas como **New Relic** ou **Sentry** permitem que você monitore logs de erros e identifique potenciais vulnerabilidades em tempo real.

Considerações finais sobre segurança em Rails

Segurança é um processo contínuo e deve ser parte integrante do ciclo de desenvolvimento de qualquer aplicação Rails. Utilizando as proteções padrão oferecidas pelo Rails, como mitigação de SQL Injection, CSRF e XSS, juntamente com HTTPS, SSL e boas práticas adicionais, você pode garantir que sua aplicação esteja preparada para resistir a ataques e fornecer uma experiência segura para seus usuários.

CAPÍTULO 18:
INTERNACIONALIZAÇÃO
E LOCALIZAÇÃO

Configuração de I18n para múltiplos idiomas

No cenário global atual, muitas aplicações precisam atender usuários de diferentes regiões e idiomas. Para isso, é crucial implementar a internacionalização (I18n) e localização (L10n) em uma aplicação web. O Rails oferece um suporte robusto para I18n, permitindo que você crie aplicações multilíngues de maneira eficiente e organizada, além de ajustar formatos de datas, moedas e outras variáveis regionais.

A internacionalização (I18n) refere-se ao processo de adaptar a aplicação para diferentes idiomas e culturas, enquanto a localização (L10n) é o processo de traduzir e ajustar a interface para uma região específica. O Rails oferece a gem I18n integrada, o que facilita a configuração e o suporte a múltiplos idiomas, tornando o processo de expansão global da aplicação fluido.

A configuração básica do I18n começa no arquivo config/application.rb, onde você define o idioma padrão da aplicação e os idiomas adicionais que ela suportará. Por padrão, o Rails já vem configurado com o idioma inglês:

ruby

```
config.i18n.default_locale = :en
config.i18n.available_locales = [:en, :pt, :es, :fr]
```

Aqui, definimos que o inglês é o idioma padrão, mas a aplicação também estará disponível em português, espanhol e francês.

O próximo passo é criar os arquivos de tradução. No Rails, as traduções são armazenadas na pasta config/locales, e cada idioma tem seu próprio arquivo YAML (ou seja, en.yml, pt.yml, es.yml, etc.).

Um arquivo de tradução típico para o inglês (en.yml) pode se parecer com o seguinte:

yaml

```
en:
  hello: "Hello"
  users:
    title: "Users"
    new: "Create new user"
    edit: "Edit user"
```

Esse arquivo contém as traduções que serão usadas na aplicação para exibir o conteúdo correto ao usuário. Cada chave (hello, users.title) representa uma string de texto que será substituída pela tradução apropriada.

No arquivo de tradução para o português (pt.yml), as mesmas chaves seriam mapeadas para suas traduções correspondentes:

yaml

```
pt:
  hello: "Olá"
  users:
    title: "Usuários"
    new: "Criar novo usuário"
    edit: "Editar usuário"
```

Assim, ao alterar o idioma da aplicação para português, o Rails utilizará as traduções desse arquivo para exibir o conteúdo.

O Rails faz uso do método t para buscar as traduções em qualquer lugar da aplicação. Por exemplo, em uma view ERB, você pode exibir uma tradução com a seguinte sintaxe:

erb

```erb
<h1><%= t('hello') %></h1>
<p><%= t('users.title') %></p>
```

Se o idioma atual da aplicação for inglês, a página exibirá "Hello" e "Users". Se o idioma for alterado para português, o Rails exibirá "Olá" e "Usuários", sem a necessidade de modificar o código da view.

Criação de traduções e suporte a múltiplas regiões

Ao construir uma aplicação multilíngue, o próximo passo é garantir que todas as partes da interface, incluindo mensagens de validação, títulos de páginas, botões e formulários, estejam traduzidos. O Rails facilita o gerenciamento de todas essas traduções, permitindo que você defina traduções para todas as mensagens e textos da aplicação de forma centralizada nos arquivos YAML.

Uma parte importante da tradução é garantir que as mensagens dinâmicas também sejam internacionalizadas. Por exemplo, ao exibir o nome de um usuário em uma saudação, você pode utilizar interpolação nas traduções:

yaml

```yaml
en:
  greeting: "Hello, %{name}"
pt:
  greeting: "Olá, %{name}"
```

No código da aplicação, a interpolação é feita da seguinte

maneira:

erb

```
<p><%= t('greeting', name: @user.name) %></p>
```

Assim garante-se que, independentemente do idioma, a saudação seja exibida corretamente, com o nome do usuário sendo dinâmico.

Além disso, o Rails suporta a localização de números, datas e moedas, o que é crucial para criar uma experiência de usuário verdadeiramente localizada. Por exemplo, a formatação de datas varia entre diferentes países. Nos Estados Unidos, uma data é exibida como "MM/DD/AAAA", enquanto em muitos países da Europa e América Latina, a data é exibida como "DD/MM/AAAA". O Rails ajusta automaticamente esses formatos com base no idioma configurado.

Você pode definir formatações específicas de data no arquivo de tradução:

yaml

```
en:
  date:
    formats:
      default: "%m/%d/%Y"
pt:
  date:
    formats:
      default: "%d/%m/%Y"
```

Para exibir uma data formatada corretamente, você pode usar o helper l (abreviação de "localize"):

erb

```
<p><%= l(Date.today) %></p>
```

O Rails exibirá a data de acordo com o formato definido no arquivo de tradução, garantindo que o conteúdo esteja sempre no formato correto para o usuário.

Além de datas, você pode definir formatações personalizadas para números e moedas. Por exemplo, se você estiver criando uma aplicação que lida com preços, a formatação de moeda é essencial. Nos Estados Unidos, o formato de moeda é $1,000.00, enquanto no Brasil é R$ 1.000,00. O Rails permite ajustar esses formatos dinamicamente com base no idioma:

yaml

```yaml
en:
  number:
    currency:
      format:
        unit: "$"
        separator: "."
        delimiter: ","
pt:
  number:
    currency:
      format:
        unit: "R$"
        separator: ","
        delimiter: "."
```

Com essa configuração, você pode exibir preços formatados corretamente utilizando o helper number_to_currency:

erb

```erb
<p><%= number_to_currency(1000) %></p>
```

Dependendo do idioma da aplicação, o preço será exibido como "$1,000.00" ou "R$ 1.000,00", garantindo que a interface esteja adequada à região do usuário.

Boas práticas para aplicações multilíngues

Ao construir e manter uma aplicação multilíngue, algumas **boas práticas** devem ser seguidas para garantir que o processo de internacionalização e localização seja eficiente, escalável e sustentável ao longo do tempo.

1. **Centralize suas traduções**: Ao manter todas as traduções em arquivos YAML organizados, você evita espalhar strings de texto hardcoded por toda a aplicação. Isso facilita a manutenção e a atualização das traduções, além de garantir consistência no conteúdo exibido ao usuário.
2. **Use chaves significativas**: Ao definir chaves de tradução, escolha nomes descritivos e claros. Isso ajuda a equipe de desenvolvimento a entender rapidamente o propósito de cada chave. Por exemplo, ao invés de usar t('msg1'), prefira algo como t('errors.invalid_password').
3. **Traduções para conteúdo dinâmico**: Sempre que possível, utilize a interpolação para lidar com conteúdo dinâmico em traduções, como o nome do usuário ou valores numéricos. Isso evita a duplicação de strings de texto e facilita o gerenciamento de traduções.
4. **Evite duplicações**: Se uma string de texto for usada em várias partes da aplicação, evite duplicar a tradução. Defina a tradução em um único local e reutilize a chave em todo o projeto. Isso torna o processo de atualização mais fácil, já que uma mudança no arquivo de tradução será refletida em todos os lugares onde a chave é usada.

Fallback para idiomas: O Rails permite configurar um idioma fallback, que será usado caso uma tradução específica não esteja disponível para o idioma atual. Isso é útil para garantir que a aplicação não quebre se uma tradução estiver ausente. Para definir um idioma fallback, adicione a seguinte configuração no application.rb:

ruby

```
config.i18n.fallbacks = true
```

5. Dessa forma, se uma tradução não estiver disponível no idioma atual, o Rails usará a tradução do idioma padrão (geralmente o inglês).

6. **Teste suas traduções**: É importante testar as traduções para garantir que elas estejam funcionando corretamente. Isso inclui verificar se todas as chaves de tradução estão presentes, se as interpolações estão funcionando e se o conteúdo traduzido está sendo exibido corretamente nas diferentes partes da interface.

7. **Integração com ferramentas de tradução**: À medida que sua aplicação cresce e suporta mais idiomas, é recomendável utilizar ferramentas especializadas para gerenciar o processo de tradução, como **Crowdin** ou **Transifex**. Essas ferramentas permitem que tradutores profissionais colaborem diretamente na criação e atualização das traduções, facilitando o gerenciamento de grandes volumes de texto e garantindo uma qualidade consistente.

8. **Atualize periodicamente**: Manter a aplicação atualizada com novas traduções e ajustes para novas regiões é essencial. À medida que sua base de usuários cresce em diferentes países, pode ser necessário adicionar novos idiomas ou ajustar conteúdos já traduzidos para melhor atender à cultura local.

9. **Localize imagens e outros conteúdos**: Não são apenas

textos que precisam de localização. Certifique-se de que imagens, vídeos e outros conteúdos da aplicação também estejam adequados ao público local. Isso pode incluir o uso de ícones diferentes, estilos de layout e até mesmo a escolha de cores, dependendo da cultura da região.

Considere fusos horários: Em uma aplicação multilíngue, os usuários podem estar espalhados por diferentes fusos horários. O Rails facilita o gerenciamento de fusos horários, permitindo que você ajuste automaticamente a exibição de datas e horários com base na localização do usuário. Use Time.zone para garantir que os horários sejam exibidos de forma precisa:
ruby

```
Time.zone = current_user.time_zone
Time.zone.now
```

Com essas práticas e o uso correto do I18n no Rails, você pode criar uma aplicação verdadeiramente global, capaz de atender usuários em várias regiões e culturas, proporcionando uma experiência de usuário consistente e personalizada.

CAPÍTULO 19: PERFORMANCE E ESCALABILIDADE

Técnicas de caching com Redis e Memcached

Quando uma aplicação Rails começa a crescer e atrair mais usuários, a demanda por uma performance sólida se torna essencial. Um dos principais métodos para melhorar a performance de uma aplicação é o uso de caching. O caching armazena cópias de dados ou páginas já processadas, reduzindo a carga sobre o servidor e o banco de dados e melhorando o tempo de resposta da aplicação. Duas das soluções mais populares para caching em Rails são o Redis e o Memcached.

Redis

O Redis é um banco de dados em memória altamente performático, amplamente utilizado em caching devido à sua baixa latência e alta capacidade de armazenamento. O Redis suporta não apenas cache de strings simples, mas também estruturas de dados mais complexas, como hashes, listas e conjuntos, tornando-o uma escolha versátil para caching em aplicações web.

Para configurar o Redis em uma aplicação Rails, a primeira etapa é adicionar a gem redis-rails ao seu Gemfile:

ruby

gem 'redis-rails'

Depois de instalar a gem, é necessário configurar o cache

store no arquivo config/environments/production.rb para usar o Redis:

ruby

```
config.cache_store = :redis_store, "redis://localhost:6379/0/
cache", { expires_in: 90.minutes }
```

Aqui, expires_in define o tempo de expiração dos caches, garantindo que eles sejam renovados periodicamente. Uma das formas mais comuns de utilizar o cache no Rails é com **fragment caching**, onde partes da página ou da aplicação que não mudam frequentemente são armazenadas em cache. Por exemplo, ao renderizar uma lista de posts que raramente muda, você pode usar o fragment caching assim:

erb

```
<% cache @posts do %>
  <%= render @posts %>
<% end %>
```

Com essa configuração, o Rails armazenará o conteúdo da lista de posts no cache Redis, servindo-o diretamente das próximas vezes em que a página for solicitada, sem precisar recalcular ou buscar os dados no banco.

Além de fragment caching, o Redis também é útil para caching de dados, onde resultados de consultas ou cálculos complexos são armazenados em cache. Por exemplo, se você calcular a média de avaliações de um produto, pode armazenar o resultado em cache:

ruby

```
def average_rating(product)
  Rails.cache.fetch("product_#{product.id}_average_rating",
expires_in: 12.hours) do
    product.reviews.average(:rating)
```

```
  end
end
```

Aqui, o método Rails.cache.fetch armazena o resultado no Redis e o recupera nas próximas chamadas, sem a necessidade de recalcular a média repetidamente.

Memcached

O Memcached é uma alternativa ao Redis que também armazena dados na memória para melhorar a performance de leitura e escrita. Ele é altamente eficiente para cache de dados simples, como strings e números, e é usado em muitos grandes sistemas devido à sua simplicidade e rapidez.

Para configurar o Memcached em Rails, você pode usar a gem dalli, que é um cliente Memcached otimizado para Rails:

ruby

```
gem 'dalli'
```

Após instalar a gem, configure o cache store no config/environments/production.rb:

ruby

```
config.cache_store = :mem_cache_store, "localhost",
{ namespace: 'my_app', expires_in: 90.minutes, compress: true }
```

Assim como o Redis, o Memcached pode ser usado para fragment caching e caching de dados, melhorando significativamente a performance da aplicação em cargas mais altas. No entanto, ao contrário do Redis, o Memcached não suporta estruturas de dados complexas, sendo mais adequado para caches de strings e números simples.

Comparação entre Redis e Memcached

Embora tanto o Redis quanto o Memcached sejam soluções de caching poderosas, eles têm diferenças importantes:

- **Redis** oferece suporte para estruturas de dados complexas, além de persistência de dados e replicação, tornando-o ideal para aplicações que precisam de mais flexibilidade no cache.

- **Memcached** é mais simples e eficaz para caches que requerem apenas armazenamento de valores simples, sendo conhecido por sua rapidez e uso eficiente de memória.

A escolha entre Redis e Memcached depende das necessidades específicas da sua aplicação. Se você precisa de um cache simples e rápido, o Memcached pode ser suficiente. Para casos em que cache de dados complexos e funcionalidades avançadas são necessárias, o Redis se destaca como a melhor escolha.

Identificação e solução de gargalos de performance

Antes de escalar uma aplicação Rails, é essencial identificar e resolver possíveis gargalos de performance. Existem várias ferramentas e técnicas que podem ser usadas para detectar pontos de lentidão na aplicação, permitindo que você faça otimizações precisas.

Ferramentas de monitoramento

Ferramentas de monitoramento como New Relic, Skylight e Scout fornecem uma visão detalhada sobre o desempenho da aplicação, incluindo tempos de resposta, consultas de banco de dados demoradas e uso de memória e CPU. Elas ajudam a identificar quais partes da aplicação estão causando gargalos de performance, permitindo que você faça ajustes diretamente nos pontos críticos.

Por exemplo, o New Relic fornece relatórios detalhados sobre cada requisição, mostrando o tempo gasto em diferentes partes do ciclo de requisição, como consultas de banco de dados, renderização de views e processamento de controllers. Com esses dados, você pode identificar endpoints lentos, consultas SQL ineficientes ou partes do código que estão consumindo mais tempo do que o necessário.

Otimização de consultas de banco de dados

Um dos principais gargalos de performance em aplicações Rails é o **acesso ao banco de dados**. Consultas SQL ineficientes, como buscas não otimizadas ou consultas que retornam grandes volumes de dados desnecessários, podem causar lentidão significativa. Algumas técnicas para otimizar consultas incluem:

Usar eager loading: Ao invés de carregar associações com múltiplas consultas, você pode usar o eager loading para carregar tudo com uma única consulta SQL. Isso reduz a quantidade de requisições ao banco, melhorando a performance. No Active Record, você pode usar includes para fazer eager loading:
ruby

```
posts = Post.includes(:comments).where(published: true)
```

- **Evitar N+1 queries**: O problema de N+1 ocorre quando a aplicação faz múltiplas consultas para buscar dados relacionados. Usar o eager loading como mostrado acima ajuda a evitar esse problema.

- **Indexação de colunas**: Garantir que suas tabelas de banco de dados tenham índices nas colunas que são frequentemente utilizadas em WHERE, JOIN e ORDER BY melhora o tempo de execução das consultas.

Renderização de views

Outro ponto que pode se tornar um gargalo é a renderização de views. Views complexas, com muitas partials ou consultas adicionais feitas dentro delas, podem afetar a performance. Para otimizar a renderização de views, considere as seguintes práticas:

- **Evite consultas dentro das views**: Toda lógica de busca de dados deve ser feita no controller ou no modelo. Evite fazer consultas dentro das views, pois isso pode gerar consultas repetidas e desnecessárias.

- **Use fragment caching**: Como discutido anteriormente, o fragment caching pode ser aplicado em partes da view que não mudam frequentemente, como cabeçalhos ou rodapés, evitando a necessidade de recalcular esses trechos em cada requisição.

Escalando aplicações Rails horizontalmente

À medida que o tráfego da sua aplicação Rails cresce, pode ser necessário escalar horizontalmente para atender a essa demanda. Escalar horizontalmente significa adicionar mais servidores para lidar com mais requisições, em vez de aumentar os recursos de um único servidor (escalabilidade vertical).

Load balancing

Uma das formas mais comuns de escalar uma aplicação horizontalmente é usando um load balancer, como o Nginx ou o AWS Elastic Load Balancer. O load balancer distribui as requisições de usuários entre múltiplos servidores Rails, garantindo que nenhum servidor seja sobrecarregado. Essa técnica permite que a aplicação manipule mais requisições simultaneamente, melhorando a capacidade de resposta.

Servidores de aplicação distribuídos

Com múltiplos servidores de aplicação em execução, é importante garantir que eles compartilhem o estado da aplicação de forma consistente. Isso inclui compartilhar cache (usando Redis ou Memcached), filas de jobs em background (com Sidekiq, por exemplo) e sincronizar arquivos, se necessário.

Desacoplamento de serviços

À medida que a aplicação cresce, pode ser vantajoso desacoplar serviços, dividindo a aplicação em microserviços ou sistemas menores e especializados. Por exemplo, se sua aplicação tiver uma API de processamento pesado, ela pode ser separada em um serviço independente, permitindo que diferentes partes da aplicação escalem de forma independente.

Uso de CDN

Um Content Delivery Network (CDN) pode ser implementado para distribuir o conteúdo estático (imagens, vídeos, arquivos de CSS e JavaScript) da aplicação. O CDN armazena o conteúdo em servidores distribuídos globalmente, garantindo que os usuários recebam os arquivos de um servidor próximo, melhorando a performance de carregamento.

A melhoria da performance e escalabilidade de uma aplicação Rails é um processo contínuo que requer monitoramento constante e ajustes finos. Ao implementar técnicas de caching, otimizar consultas de banco de dados e escalar horizontalmente usando load balancers e CDNs, sua aplicação estará preparada para lidar com volumes maiores de tráfego sem comprometer a experiência do usuário ou a estabilidade do sistema.

À medida que a aplicação cresce e a demanda por mais recursos aumenta, a combinação de boas práticas de otimização e a implementação de estratégias de escalabilidade horizontal garantem que sua aplicação Rails seja capaz de atender a um número crescente de usuários de maneira eficaz.

Monitoramento contínuo

Uma parte fundamental para manter uma aplicação Rails escalável e com alta performance é o monitoramento contínuo. Ferramentas como New Relic, Skylight e Prometheus não apenas ajudam a identificar problemas de performance, como também oferecem métricas em tempo real sobre o comportamento da aplicação.

Essas ferramentas monitoram aspectos como:

- **Tempos de resposta das requisições**: Identificando endpoints mais lentos e oportunidades de otimização.

- **Uso de CPU e memória**: Acompanhando o consumo de recursos do servidor para detectar sobrecarga ou vazamento de memória.

- **Consultas ao banco de dados**: Detectando consultas que estão demorando muito tempo para serem executadas ou sendo repetidas desnecessariamente.

O monitoramento contínuo também é essencial para escalar a aplicação de forma inteligente. Por exemplo, com o AWS Auto Scaling, você pode configurar o ambiente de produção para adicionar ou remover instâncias automaticamente com base em parâmetros como a utilização da CPU ou o número de requisições por segundo. Isso garante que sua aplicação sempre tenha recursos suficientes disponíveis para atender à demanda, ao mesmo tempo que evita o desperdício de recursos quando a demanda é menor.

Gestão de cache

Um ponto importante em uma estratégia de caching bem-sucedida é o gerenciamento de cache expirado ou inconsistente. Embora o cache melhore significativamente a performance ao armazenar dados frequentemente acessados, há momentos em que o cache precisa ser atualizado ou invalidado. Por exemplo, ao atualizar o conteúdo de um post, o cache correspondente deve ser invalidado para garantir que os usuários vejam o conteúdo atualizado.

No Redis e no Memcached, você pode definir tempos de expiração para itens em cache, garantindo que o cache seja atualizado periodicamente. Além disso, você pode invalidar o cache manualmente sempre que houver uma mudança crítica nos dados.

ruby

```
Rails.cache.delete("product_#{product.id}_average_rating")
```

Esse comando remove o cache armazenado para o produto

específico, garantindo que, na próxima vez que os dados forem acessados, eles sejam recalculados ou atualizados.

Escalabilidade em bancos de dados

A escalabilidade do banco de dados é outro aspecto crucial para garantir que a aplicação Rails continue a funcionar corretamente à medida que o volume de dados cresce. Algumas abordagens incluem:

1. **Replicação de banco de dados**: Consiste em ter uma instância primária do banco de dados que lida com gravações e várias réplicas que lidam com leituras. Isso distribui a carga de leitura entre várias instâncias, aliviando a pressão sobre a instância principal. O PostgreSQL, por exemplo, oferece suporte nativo para replicação.
2. **Particionamento de dados**: Em casos em que o volume de dados é muito grande, o **particionamento de tabelas** pode ser uma solução. Isso envolve dividir uma grande tabela em várias tabelas menores, baseadas em critérios como intervalos de datas ou identificadores, para melhorar o desempenho de leitura e escrita.
3. **Uso de bases NoSQL**: Para certas partes da aplicação, como dados que não precisam de consistência transacional, pode ser vantajoso usar um banco de dados **NoSQL** (como MongoDB ou Cassandra) que escala horizontalmente de forma mais eficiente.

Otimização de assets

Outro ponto importante ao considerar a performance é a otimização dos **assets estáticos**, como arquivos CSS, JavaScript e imagens. O Rails oferece várias ferramentas para otimizar o uso desses arquivos em produção:

1. **Minificação de arquivos**: Durante o processo de precompilação de assets (rake assets:precompile), o Rails automaticamente **minifica** os arquivos CSS e JavaScript, removendo espaços em branco, comentários e reduzindo o tamanho do arquivo. Isso melhora os tempos de carregamento da página.

2. **Versão dos assets**: O Rails adiciona uma **hash** ao final do nome dos arquivos de assets (por exemplo, application-a13bc.css), garantindo que os navegadores sempre carreguem a versão mais recente do arquivo após atualizações, enquanto ainda permitem que arquivos antigos sejam armazenados em cache.

3. **Utilização de um CDN**: Como mencionado anteriormente, armazenar assets estáticos em um **Content Delivery Network (CDN)** ajuda a distribuir o conteúdo de forma mais eficiente, entregando arquivos a partir de servidores próximos aos usuários e reduzindo o tempo de carregamento.

Otimização de jobs em background

Jobs em background, como o envio de emails, processamento de vídeos ou geração de relatórios, devem ser otimizados para evitar que tarefas demoradas sobrecarreguem o sistema principal. O uso de Sidekiq ou Resque para enfileirar e processar essas tarefas em segundo plano permite que a aplicação continue respondendo rapidamente aos usuários, enquanto o trabalho pesado é processado de maneira assíncrona.

Para escalar essa parte da aplicação, você pode configurar vários workers de Sidekiq em diferentes servidores, garantindo que grandes volumes de tarefas em background sejam processados em paralelo. Isso é especialmente útil em aplicações que exigem alta capacidade de processamento de dados, como plataformas de vídeo ou sistemas de e-commerce.

Além disso, é importante configurar filas com prioridades diferentes, para garantir que jobs mais críticos sejam processados primeiro, enquanto jobs menos prioritários aguardam em segundo plano:

ruby

```ruby
class HighPriorityJob < ApplicationJob
  queue_as :high_priority

  def perform(*args)
    # lógica do job
  end
end
```

O desenvolvimento de uma aplicação Rails com alta performance e escalabilidade exige um planejamento cuidadoso e o uso das ferramentas corretas para otimizar cada aspecto do sistema. Desde a implementação de técnicas de caching com Redis e Memcached até a identificação e correção de gargalos de performance, cada passo deve ser pensado para garantir que a aplicação seja rápida, eficiente e capaz de escalar conforme a demanda.

A escalabilidade horizontal, com o uso de load balancers, servidores distribuídos e replicação de banco de dados, permite que a aplicação suporte grandes volumes de tráfego sem comprometer a experiência do usuário. Ferramentas de monitoramento e a gestão inteligente de jobs em background ajudam a manter o sistema estável e responsivo, mesmo em condições de alta carga.

CAPÍTULO 20: CONFIGURAÇÃO E GESTÃO DE BANCO DE DADOS

Configurando diferentes bancos de dados com Rails (PostgreSQL, MySQL)

O Rails é conhecido por sua flexibilidade em suportar diversos sistemas de gerenciamento de bancos de dados, sendo o PostgreSQL e o MySQL dois dos mais populares. A escolha entre esses sistemas depende das necessidades específicas do projeto, como escalabilidade, suporte a consultas complexas, e a natureza dos dados a serem armazenados.

PostgreSQL

O PostgreSQL é amplamente adotado pela comunidade Rails, especialmente em aplicações que exigem recursos avançados, como suporte a tipos de dados complexos, transações ACID e replicação de dados. Ele é robusto e otimizado para consultas complexas, além de ser open source, o que o torna uma escolha padrão para muitas aplicações modernas.

Para configurar o PostgreSQL em uma aplicação Rails, comece instalando a gem pg, que é o adaptador oficial para PostgreSQL:

ruby

```
gem 'pg'
```

Em seguida, no arquivo config/database.yml, defina as

configurações de conexão com o banco de dados para os ambientes de desenvolvimento, teste e produção. Um exemplo de configuração para PostgreSQL seria o seguinte:

yaml

```yaml
development:
  adapter: postgresql
  encoding: unicode
  database: myapp_development
  pool: 5
  username: postgres
  password: senha

production:
  adapter: postgresql
  encoding: unicode
  database: myapp_production
  pool: 5
  username: myapp_user
  password: <%= ENV['MYAPP_DATABASE_PASSWORD'] %>
  host: db.example.com
```

Aqui, é importante destacar o uso de variáveis de ambiente (como ENV['MYAPP_DATABASE_PASSWORD']) para armazenar senhas e outras informações sensíveis, evitando que esses detalhes fiquem visíveis no código.

MySQL

O MySQL é outro banco de dados amplamente utilizado, especialmente em ambientes que requerem alta performance e grande escalabilidade. Ele é frequentemente escolhido por grandes aplicações web devido ao seu desempenho em leituras de grandes volumes de dados. O MySQL também tem uma comunidade enorme e suporte em várias plataformas de cloud.

Para configurar o MySQL em uma aplicação Rails, a gem mysql2 deve ser adicionada ao Gemfile:

ruby

```
gem 'mysql2'
```

Depois, configure o database.yml para utilizar o MySQL:

yaml

```
development:
  adapter: mysql2
  encoding: utf8
  database: myapp_development
  pool: 5
  username: root
  password: senha

production:
  adapter: mysql2
```

```
encoding: utf8
database: myapp_production
pool: 5
username: myapp_user
password: <%= ENV['MYAPP_DATABASE_PASSWORD'] %>
host: db.example.com
```

Tanto o PostgreSQL quanto o MySQL oferecem uma performance sólida, mas a escolha entre eles pode depender de preferências da equipe de desenvolvimento e da infraestrutura de servidores disponível.

Migrações avançadas e manutenção de bancos de dados

Uma das grandes vantagens do Rails é o seu sistema de migrações de banco de dados, que permite modificar a estrutura do banco de maneira organizada e controlada. As migrações são scripts Ruby que descrevem as alterações a serem feitas no banco de dados, como criar tabelas, adicionar colunas ou índices, e até modificar dados existentes.

Migrações avançadas

Além das operações básicas, como adicionar ou remover colunas e tabelas, Rails oferece recursos avançados de migração, como:

1. **Migrações reversíveis**: O Rails permite que migrações sejam **reversíveis**, ou seja, que possam ser desfeitas automaticamente. Isso é útil durante o desenvolvimento, quando você pode precisar desfazer uma mudança no banco de dados para corrigir um erro ou testar uma nova abordagem.

ruby

```ruby
class AddAdminToUsers < ActiveRecord::Migration[6.1]
  def change
    add_column :users, :admin, :boolean, default: false
  end
end
```

Neste exemplo, ao rodar rails db:rollback, o Rails removeria automaticamente a coluna admin.

2. **Migrações complexas**: Em alguns casos, você pode precisar de uma lógica mais complexa em suas migrações, como calcular valores baseados em dados existentes ou realizar operações sobre várias tabelas. O Rails permite definir migrações irreversíveis quando operações complexas estão envolvidas:

ruby

```ruby
class UpdateUserNames < ActiveRecord::Migration[6.1]
  def up
    User.all.each do |user|
      user.update(name: user.name.upcase)
    end
  end

  def down
    raise ActiveRecord::IrreversibleMigration
```

```
end
end
```

3. **Migrações de índices**: O uso adequado de índices pode melhorar significativamente o desempenho de consultas ao banco de dados. O Rails facilita a adição de índices durante as migrações:

ruby

```
class AddIndexToUsersEmail < ActiveRecord::Migration[6.1]
  def change
    add_index :users, :email, unique: true
  end
end
```

Esse índice garante que as buscas por email sejam mais rápidas e que os valores de email sejam únicos no banco de dados.

Manutenção de bancos de dados

A manutenção regular do banco de dados é fundamental para garantir que a aplicação continue a funcionar corretamente à medida que os dados crescem. Algumas práticas recomendadas incluem:

- **Reindexação periódica**: À medida que os dados são inseridos e removidos, os índices podem ficar fragmentados, impactando negativamente a performance. Ferramentas como o VACUUM no PostgreSQL ou OPTIMIZE TABLE no MySQL podem ser usadas para reindexar e otimizar o banco de dados periodicamente.

- **Limpeza de registros antigos**: Muitas vezes, dados antigos que não são mais relevantes (como logs ou dados temporários) continuam a ocupar espaço no banco de dados. Manter uma estratégia para limpar esses registros, como rodar tarefas cron para remover registros antigos, ajuda a manter o banco de dados ágil.

- **Monitoramento de crescimento**: Ferramentas como **pg_stat_statements** (para PostgreSQL) ou **MySQL Query Profiler** podem ser usadas para monitorar o crescimento das tabelas e identificar consultas que estão se tornando mais lentas devido ao aumento de dados.

Backups e estratégias de recuperação de dados

Uma parte crítica da gestão de bancos de dados em produção é garantir que seus dados estejam sempre seguros e que haja uma estratégia de **backup e recuperação de dados** em caso de falhas.

Backups regulares

Realizar backups regulares do banco de dados é essencial para garantir que seus dados possam ser restaurados em caso de corrupção, falha de hardware ou erro humano. Dependendo do banco de dados e da infraestrutura que você está utilizando, as ferramentas para backup podem variar:

PostgreSQL: O PostgreSQL oferece o **pg_dump**, que é uma ferramenta poderosa para criar dumps de banco de dados completos ou incrementais. A utilização básica do pg_dump é: bash

```
pg_dump myapp_production > backup.sql
```

Para restaurar um backup, você pode usar o comando psql:

bash

```
psql myapp_production < backup.sql
```

- Além disso, o PostgreSQL também suporta backups ponto-a-ponto com o uso de WAL (Write-Ahead Logs), que permitem a recuperação de dados até um momento específico, garantindo que você possa restaurar o banco ao estado exato antes de uma falha.

MySQL: No MySQL, o mysqldump é a ferramenta padrão para realizar backups. Para fazer o backup de um banco de dados MySQL:
bash

```
mysqldump -u root -p myapp_production > backup.sql
```

E para restaurar o backup:
bash

```
mysql -u root -p myapp_production < backup.sql
```

Estratégias de recuperação de dados

A recuperação de dados é tão importante quanto o processo de backup. Uma estratégia eficaz de recuperação garante que sua aplicação possa voltar a funcionar rapidamente após uma falha. Algumas estratégias incluem:

1. **Testar backups regularmente**: Realizar backups não é suficiente — é crucial testar esses backups regularmente para garantir que eles possam ser restaurados corretamente. Um backup corrompido ou incompleto não será útil em uma situação de emergência.

2. **Backups offsite**: Mantenha backups em uma localização externa (offsite), como em um serviço de armazenamento na nuvem (AWS S3, Google Cloud Storage), para garantir que eles estejam disponíveis mesmo em caso de falhas físicas no local onde os servidores estão hospedados.

3. **Snapshots automáticos**: Muitos serviços de cloud oferecem suporte para **snapshots automáticos** do banco de dados. Esses snapshots são cópias instantâneas do estado do banco de dados, e podem ser restaurados rapidamente em caso de falha.

4. **Recuperação de desastres (Disaster Recovery)**: Desenvolver um plano de recuperação de desastres que inclua procedimentos claros para restaurar o banco de dados, configurar réplicas e redirecionar o tráfego para servidores de backup é essencial para garantir a continuidade do serviço em caso de falhas maiores.

Replicação e alta disponibilidade

Além dos backups, a replicação de bancos de dados é uma técnica importante para garantir alta disponibilidade e redundância dos dados. A replicação envolve criar uma cópia exata do banco de dados em outra instância, permitindo que a aplicação continue a funcionar mesmo que o banco de dados principal falhe. No PostgreSQL, isso é feito usando streaming replication, enquanto o MySQL suporta replicação master-slave.

Ao configurar a replicação, você garante que suas operações de leitura possam ser distribuídas entre várias instâncias do banco de dados, melhorando o desempenho e a resiliência da aplicação.

A gestão eficaz de bancos de dados em Rails envolve a escolha do sistema correto, o uso de migrações avançadas, práticas de manutenção adequadas e uma estratégia sólida de backup e recuperação.

CAPÍTULO 21: WEB SCRAPING COM RUBY E RAILS

Ferramentas de scraping: Nokogiri e HTTParty

No desenvolvimento web moderno, o web scraping tornou-se uma técnica poderosa para extrair informações de sites. Usado de maneira ética e legal, o scraping pode coletar dados valiosos, como preços de produtos, informações de concorrentes, notícias e muito mais. O Ruby, com seu ecossistema robusto, oferece diversas ferramentas para construir scrapers eficientes, sendo o Nokogiri e o HTTParty as duas bibliotecas mais populares e amplamente utilizadas nessa área.

Nokogiri

Nokogiri é uma biblioteca poderosa e rápida para o parsing de HTML e XML. Ele permite que você leia páginas web e extraia dados específicos, como títulos, links e conteúdo de parágrafos, com extrema precisão. Sua API é fácil de usar e muito semelhante aos seletores CSS e XPath, o que facilita a captura de elementos específicos em uma página web.

A primeira etapa para utilizar o Nokogiri em um projeto Rails é adicioná-lo ao seu Gemfile:

ruby

```
gem 'nokogiri'
```

Após a instalação, você pode usar o HTTParty (que será detalhado posteriormente) para fazer uma requisição a uma página web, e em seguida usar o Nokogiri para parsear o HTML retornado e extrair os dados desejados. Veja um exemplo básico de como usar o Nokogiri para extrair todos os títulos h1 de uma página web:

ruby

```
require 'nokogiri'
require 'httparty'

url = "https://www.example.com"
response = HTTParty.get(url)
doc = Nokogiri::HTML(response.body)

doc.css('h1').each do |title|
  puts title.text
end
```

Aqui, a função css do Nokogiri permite que você selecione elementos da página usando seletores CSS (como 'h1', 'p', ou 'div.article'). Isso torna o processo de extração rápido e intuitivo. A função text obtém o conteúdo textual de cada elemento h1 encontrado.

Nokogiri também suporta a utilização de **XPath**, uma linguagem para navegar na estrutura do documento HTML ou XML. O XPath permite selecionar elementos baseados em condições mais complexas. Por exemplo, para selecionar todos os links em uma página que contêm a palavra "comprar", você pode fazer o seguinte:

ruby

```ruby
doc.xpath('//a[contains(text(), "comprar")]').each do |link|
  puts link['href']
end
```

Neste exemplo, o XPath seleciona todos os elementos a (links) que contêm o texto "comprar", e o método [] acessa o valor do atributo href de cada link encontrado.

HTTParty

Para fazer web scraping, o primeiro passo é acessar a página web que contém os dados. O HTTParty é uma biblioteca leve e fácil de usar que permite fazer requisições HTTP em Ruby. Ele suporta requisições GET, POST, PUT, DELETE e outros métodos HTTP, além de lidar com redirecionamentos e respostas em formato JSON ou XML, facilitando a integração com APIs.

Para usar o HTTParty, você também precisa adicioná-lo ao seu Gemfile:

ruby

```ruby
gem 'httparty'
```

Aqui está um exemplo simples de como fazer uma requisição GET para uma página web e obter a resposta do servidor:

ruby

```ruby
response = HTTParty.get('https://www.example.com')
puts response.body
```

A partir da resposta, o conteúdo da página é armazenado no response.body, que pode então ser passado para o Nokogiri para extração dos dados. O HTTParty também permite o envio de parâmetros em requisições GET ou POST, permitindo que você interaja com formulários ou APIs RESTful, simulando a navegação em páginas mais dinâmicas.

Construção de scrapers eficientes

Construir scrapers eficientes não envolve apenas o uso correto das ferramentas, mas também a criação de algoritmos que minimizem o consumo de recursos e evitem sobrecargas no servidor alvo. Algumas práticas importantes na construção de scrapers incluem:

Limitar o número de requisições: Fazer muitas requisições a um servidor em um curto espaço de tempo pode resultar em bloqueio do IP por parte do servidor, além de ser considerado má conduta. Use **pausas** entre as requisições para reduzir a carga no servidor:
ruby

```
sleep(rand(1..3)) # Pausa aleatória entre 1 e 3 segundos
```

Tratar erros de requisição: Nem todas as requisições serão bem-sucedidas. Alguns servidores podem responder com códigos de erro, como 404 (não encontrado) ou 500 (erro interno do servidor). É importante que seu scraper trate esses erros e continue funcionando de maneira robusta:
ruby

```
begin
  response = HTTParty.get('https://www.example.com')
  if response.code == 200
    # Processo de scraping
  else
    puts "Erro: #{response.code}"
  end
```

```ruby
rescue HTTParty::Error => e
  puts "Erro de HTTP: #{e.message}"
end
```

Uso de proxies e headers: Para evitar ser bloqueado por servidores, você pode utilizar proxies para distribuir suas requisições entre diferentes IPs. Além disso, simular navegadores reais enviando headers apropriados pode ajudar a evitar bloqueios. O HTTParty permite definir proxies e headers facilmente:
ruby

```
response = HTTParty.get('https://www.example.com',
  headers: { "User-Agent" => "Mozilla/5.0" },
  http_proxyaddr: 'proxy.example.com',
  http_proxyport: 8080)
```

Evitar scraping de conteúdo dinâmico: Muitos sites modernos utilizam JavaScript para carregar conteúdo dinamicamente, o que dificulta o scraping tradicional. Para esses casos, você pode utilizar ferramentas como Selenium ou Headless Chrome, que simulam um navegador real e permitem a execução de scripts JavaScript antes de extrair os dados. No entanto, essas ferramentas são mais pesadas e consomem mais recursos, por isso devem ser usadas apenas quando necessário.

Respeitar o arquivo robots.txt: Antes de começar a realizar scraping em um site, é uma boa prática verificar o arquivo robots.txt do servidor para entender as diretrizes de indexação e scraping. Muitos sites usam esse arquivo para indicar quais partes de suas páginas podem ou não ser acessadas por scrapers e crawlers. A leitura desse arquivo pode ser feita diretamente com o HTTParty:

ruby

```
response = HTTParty.get('https://www.example.com/
robots.txt')

puts response.body
```

Armazenamento e tratamento de dados coletados

Após coletar os dados desejados, o próximo passo é armazená-los e tratá-los adequadamente. O Rails oferece diversas opções para armazenar os dados extraídos, desde persistência em bancos de dados relacionais como PostgreSQL ou MySQL, até o armazenamento em formatos de arquivo como CSV ou JSON.

Armazenamento em bancos de dados

Se os dados raspados são complexos ou precisam ser consultados frequentemente, o armazenamento em um banco de dados relacional é a melhor escolha. No Rails, você pode definir modelos para armazenar os dados de forma estruturada.

Por exemplo, se você estiver extraindo uma lista de produtos de um site de e-commerce, pode criar um modelo Product com os campos apropriados:

ruby

```
class Product < ApplicationRecord
  validates :name, presence: true
  validates :price, presence: true
end
```

Ao coletar os dados com Nokogiri, você pode armazená-los no

banco de dados:

ruby

```
doc.css('.product-item').each do |product_element|
  name = product_element.css('.product-name').text
  price = product_element.css('.product-price').text
  Product.create(name: name, price: price)
end
```

Aqui, o Nokogiri extrai o nome e o preço de cada produto da página web, e em seguida, os dados são armazenados no banco de dados usando o Active Record do Rails.

Armazenamento em arquivos CSV

Se o objetivo é apenas exportar os dados raspados para análise ou relatórios, o formato **CSV** é uma escolha comum. O Ruby oferece suporte nativo para lidar com arquivos CSV através da biblioteca CSV. Aqui está um exemplo de como exportar os dados raspados para um arquivo CSV:

ruby

```
require 'csv'
CSV.open("produtos.csv", "wb") do |csv|
  csv << ["Nome", "Preço"] # Cabeçalhos
  doc.css('.product-item').each do |product_element|
    name = product_element.css('.product-name').text
    price = product_element.css('.product-price').text
    csv << [name, price]
```

```
end
end
```

Neste exemplo, os dados de produtos são extraídos da página e armazenados no arquivo produtos.csv, onde cada linha representa um produto.

Tratamento de dados

Dependendo do tipo de dado raspado, você pode precisar tratá-lo antes de armazená-lo. Isso pode incluir:

Limpeza de dados: Remover espaços em branco, caracteres especiais ou formatações desnecessárias.

Normalização: Converter dados em um formato consistente (por exemplo, converter todos os preços para uma mesma moeda ou fazer ajustes em datas para um formato padrão).

Aqui está um exemplo simples de normalização de preços e datas:

ruby

```
doc.css('.product-item').each do |product_element|
  name = product_element.css('.product-name').text.strip
  price = product_element.css('.product-price').text.gsub(/[^
\d,]/, '').gsub(',', '.').to_f
  date_added = Date.parse(product_element.css('.date-
added').text)

  Product.create(name: name, price: price, date_added:
```

```
date_added)
end
```

Neste caso, os preços são convertidos para números formatados corretamente, e as datas são normalizadas em um formato padrão do Ruby, utilizando a classe Date.

O web scraping com Ruby e Rails oferece uma maneira poderosa e eficiente de extrair dados de páginas web. Ferramentas como Nokogiri e HTTParty facilitam a coleta de informações, enquanto a robustez do Rails e do Active Record permite que esses dados sejam armazenados e tratados de forma estruturada. Ao seguir boas práticas, como limitar requisições, tratar erros e utilizar proxies, você pode construir scrapers eficientes e escaláveis, mantendo a ética e a legalidade no uso dos dados.

CAPÍTULO 22: INTEGRAÇÃO COM APIS EXTERNAS

Consumindo APIs de terceiros com Rails

A integração com APIs de terceiros é uma prática essencial no desenvolvimento moderno de software, permitindo que sua aplicação Rails se conecte a uma ampla variedade de serviços externos, como plataformas de pagamento, redes sociais, provedores de email e sistemas de dados. Essas integrações ampliam as capacidades da sua aplicação, oferecendo funcionalidades complexas sem a necessidade de desenvolvê-las do zero.

O Ruby on Rails, com sua flexibilidade e suporte a bibliotecas de HTTP, torna o consumo de APIs externas simples e eficiente. Ao integrar uma API, você estará realizando requisições HTTP para um servidor externo e processando a resposta recebida, que normalmente vem em formato JSON ou XML.

HTTParty e Faraday: Ferramentas para consumir APIs

Duas das bibliotecas mais populares para consumir APIs em Rails são **HTTParty** e **Faraday**. Ambas fornecem uma interface fácil de usar para fazer requisições HTTP, processar respostas e tratar erros.

HTTParty é uma biblioteca leve e simples para trabalhar com APIs. Para utilizá-la, basta adicioná-la ao seu Gemfile:

ruby

```
gem 'httparty'
```

Após a instalação, você pode consumir uma API realizando uma requisição GET, como neste exemplo que acessa a API de dados de clima:

ruby

```
response = HTTParty.get('https://api.openweathermap.org/data/2.5/weather?q=London&appid=seu_token')

weather_data = JSON.parse(response.body)


puts weather_data['weather'].first['description']
```

Aqui, a API de clima retorna um JSON com informações sobre a previsão do tempo, que é parseado e acessado diretamente no código.

Faraday, por outro lado, é uma biblioteca mais robusta e extensível, permitindo a adição de middlewares e tratamento mais complexo de erros e autenticação. Para instalar o Faraday, adicione a seguinte linha ao Gemfile:

ruby

```
gem 'faraday'
```

O Faraday é ideal para cenários onde você precisa de maior controle sobre a requisição, como adicionar cabeçalhos personalizados, manipular dados de resposta e lidar com diferentes formatos de conteúdo. Um exemplo simples de requisição usando Faraday seria:

ruby

```
connection = Faraday.new(url: 'https://api.example.com') do |faraday|
```

```ruby
  faraday.request :url_encoded
  faraday.adapter Faraday.default_adapter
end

response = connection.get('/users', { query: 'Ruby' })
data = JSON.parse(response.body)
```

Esse exemplo cria uma conexão Faraday, faz uma requisição GET para a rota /users e extrai o corpo da resposta em formato JSON.

Autenticação com tokens de API

Muitas APIs exigem autenticação para garantir que apenas usuários ou aplicações autorizadas possam acessá-las. Um dos métodos mais comuns de autenticação em APIs é o uso de tokens de API. Esses tokens são strings únicas que devem ser incluídas nas requisições para autenticar o acesso.

Normalmente, o token de API é incluído no cabeçalho da requisição HTTP. No HTTParty, isso pode ser feito da seguinte maneira:

ruby

```ruby
response = HTTParty.get('https://api.example.com/data',
headers: { 'Authorization' => "Bearer #{ENV['API_TOKEN']}" })
```

Da mesma forma, no Faraday:

ruby

```ruby
connection = Faraday.new(url: 'https://api.example.com') do |
faraday|
```

```
faraday.headers['Authorization'] = "Bearer
#{ENV['API_TOKEN']}"

faraday.adapter Faraday.default_adapter
end
```

```
response = connection.get('/data')
```

Nesse exemplo, o token de autenticação é passado via variável de ambiente (ENV['API_TOKEN']), o que é uma prática recomendada para manter as credenciais seguras fora do código-fonte.

Autenticação OAuth e integração com serviços (Google, Facebook, etc.)

Além de tokens de API, outra forma comum de autenticação para acessar APIs externas é o **OAuth**. O OAuth permite que sua aplicação acesse recursos de um serviço externo (como Google, Facebook, Twitter) em nome de um usuário, sem que você precise gerenciar diretamente as credenciais do usuário.

No Rails, a gem **OmniAuth** facilita o processo de integração com provedores de OAuth. A OmniAuth oferece suporte a uma ampla gama de provedores, incluindo Google, Facebook, GitHub, Twitter, e muitos outros.

Para usar o OmniAuth com o Google, por exemplo, primeiro adicione a gem ao Gemfile:

ruby

```
gem 'omniauth'
gem 'omniauth-google-oauth2'
```

Depois de instalar as gems, configure o middleware OmniAuth no arquivo config/initializers/omniauth.rb:

ruby

```ruby
Rails.application.config.middleware.use OmniAuth::Builder do
  provider :google_oauth2, ENV['GOOGLE_CLIENT_ID'],
ENV['GOOGLE_CLIENT_SECRET'], {
    scope: 'email,profile',
    prompt: 'select_account'
  }
end
```

Aqui, o OmniAuth está configurado para usar o Google como provedor de OAuth, e as credenciais do cliente (ID e segredo) são armazenadas como variáveis de ambiente para mantê-las seguras.

Quando o usuário acessa sua aplicação e deseja autenticar via Google, ele é redirecionado para a página de login do Google, onde concede permissão para que sua aplicação acesse seus dados (por exemplo, email e perfil). Após a autenticação bem-sucedida, o Google redireciona o usuário de volta para sua aplicação, onde você pode acessar os dados do usuário autenticado:

ruby

```ruby
get '/auth/:provider/callback' => 'sessions#create'
```

No método create, os dados do usuário são extraídos da resposta do provedor OAuth:

ruby

```ruby
def create
```

```ruby
user_data = request.env['omniauth.auth']

user = User.find_or_create_by(email: user_data['info']['email'])
do |user|

  user.name = user_data['info']['name']

  user.avatar_url = user_data['info']['image']

end

session[:user_id] = user.id

redirect_to root_path

end
```

Esse fluxo permite que os usuários façam login em sua aplicação sem a necessidade de criar uma conta manualmente, utilizando as credenciais do Google ou de outro provedor OAuth.

OAuth com múltiplos provedores

Caso sua aplicação precise suportar múltiplos provedores de OAuth (por exemplo, Google e Facebook), o OmniAuth facilita a adição de novos provedores. Para adicionar o Facebook, por exemplo, você pode instalar a gem omniauth-facebook e configurar o middleware da mesma maneira:

ruby

```ruby
gem 'omniauth-facebook'


Rails.application.config.middleware.use OmniAuth::Builder do
  provider :facebook, ENV['FACEBOOK_APP_ID'],
ENV['FACEBOOK_APP_SECRET'], {
    scope: 'email',
    info_fields: 'email,name'
  }
```

end

Agora sua aplicação pode oferecer múltiplas opções de login através de diferentes serviços, ampliando a flexibilidade e a conveniência para os usuários.

Tratamento de erros e dados retornados

Ao integrar APIs externas em sua aplicação, é fundamental tratar erros e respostas de maneira eficiente para garantir que sua aplicação seja resiliente e forneça feedback útil ao usuário. O tratamento de erros pode envolver:

Requisições malformadas: Se a API retornar um código de erro, como 400 Bad Request ou 404 Not Found, sua aplicação deve capturar esses erros e tratar a resposta adequadamente. No HTTParty, por exemplo, você pode verificar o código de resposta antes de processar os dados:

```ruby
response = HTTParty.get('https://api.example.com/data')
if response.code == 200
  data = JSON.parse(response.body)
else
  puts "Erro: #{response.code}"
end
```

Erros de autenticação: Se o token de autenticação expirar ou for inválido, a API pode retornar um erro 401 Unauthorized. Nesse caso, sua aplicação deve tratar a renovação do token ou solicitar que o usuário faça login novamente.

Erros de rede: Problemas de conectividade, como falhas de DNS ou tempo limite esgotado, podem causar exceções. É importante que sua aplicação seja robusta e capture essas exceções para evitar falhas completas. No Faraday, por exemplo, você pode capturar erros de rede:
ruby

```ruby
begin
  response = connection.get('/data')
rescue Faraday::ConnectionFailed => e
  puts "Erro de conexão: #{e.message}"
end
```

Respostas malformadas: Algumas APIs podem retornar dados incompletos ou malformados. Sempre verifique a integridade dos dados antes de processá-los para evitar exceções inesperadas:
ruby

```ruby
response = HTTParty.get('https://api.example.com/data')
data = JSON.parse(response.body) rescue {}
```

Essa abordagem garante que sua aplicação não quebre ao tentar processar dados inesperados.

Parsing de dados complexos

Algumas APIs retornam dados complexos, com várias camadas de aninhamento. Para processar esses dados de forma eficiente, é importante mapear a estrutura corretamente e usar as ferramentas de parsing adequadas. O JSON é o formato mais comum para dados de APIs, e o Ruby oferece suporte nativo para lidar com ele.

Se a API retornar um objeto JSON complexo, como a seguinte resposta:

json

```json
{
  "user": {
    "id": 123,
```

json

```json
"name": "John Doe",
"posts": [
  { "id": 1, "title": "Post 1" },
  { "id": 2, "title": "Post 2" }
]
```

```
}}
```

less

Você pode acessar os dados da seguinte maneira:

```ruby
data = JSON.parse(response.body)
user_name = data['user']['name']
user_posts = data['user']['posts'].map { |post| post['title'] }
```

Essa abordagem permite navegar pelas camadas de aninhamento e extrair apenas os dados necessários, simplificando a manipulação de grandes respostas de API.

A integração com APIs externas é uma parte vital de qualquer aplicação moderna, e o Ruby on Rails oferece ferramentas poderosas para consumir e processar dados de APIs com facilidade. Desde o consumo básico de APIs até a autenticação OAuth com provedores como Google e Facebook, Rails permite que você conecte sua aplicação a uma ampla gama de serviços e APIs.

Tratar corretamente os erros de rede, autenticação e parsing de dados retornados garante que sua aplicação seja robusta e confiável, proporcionando uma experiência de usuário suave mesmo em situações adversas..

CAPÍTULO 23: TRABALHANDO COM UPLOAD DE ARQUIVOS

Implementação de upload com Active Storage

O upload e armazenamento de arquivos são funcionalidades comuns em muitas aplicações modernas, e o Rails oferece uma solução robusta e simplificada para gerenciar arquivos com o **Active Storage**. Introduzido nas versões mais recentes do Rails, o Active Storage permite que você facilmente gerencie o upload, o armazenamento e o processamento de arquivos dentro da sua aplicação, seja localmente ou em serviços de armazenamento na nuvem, como o AWS S3 ou Google Cloud Storage.

Configurando o Active Storage

Para começar a trabalhar com upload de arquivos no Rails utilizando o Active Storage, a primeira etapa é configurar o sistema. Active Storage já vem pré-instalado no Rails, mas é necessário gerar as tabelas apropriadas no banco de dados que armazenarão as referências dos arquivos. Isso é feito gerando a migração necessária:

bash

```
rails active_storage:install
```

Esse comando gera as migrações responsáveis por criar as tabelas active_storage_blobs e active_storage_attachments, que armazenarão os metadados dos arquivos, como nome, tipo de arquivo, tamanho e a relação com os modelos da aplicação. Após gerar a migração, execute-a para aplicar as mudanças no banco de dados:

bash

```
rails db:migrate
```

Uma vez configurado o Active Storage, você pode associar arquivos a modelos da sua aplicação de maneira muito simples. Considere um cenário onde você tem um modelo User e deseja permitir que os usuários façam upload de avatares. No modelo User, adicione a associação com Active Storage usando o método has_one_attached:

ruby

```
class User < ApplicationRecord
  has_one_attached :avatar
end
```

O método has_one_attached indica que um usuário pode ter um único arquivo anexado como avatar. Para permitir que os usuários façam o upload desse arquivo em um formulário, no lado da view, você pode usar o helper form_with e o campo de arquivo:

erb

```
<%= form_with model: @user, local: true do |form| %>
  <%= form.label :avatar, "Upload de Avatar" %>
  <%= form.file_field :avatar %>
  <%= form.submit "Salvar" %>
<% end %>
```

Quando o formulário é enviado, o arquivo é anexado ao usuário e salvo na estrutura do Active Storage. Para exibir o avatar do usuário em uma página, você pode usar o helper url_for, que gera a URL correta do arquivo armazenado:

erb

```
<%= image_tag url_for(@user.avatar) if @user.avatar.attached?
%>
```

Dessa maneira, o Active Storage cuida de todo o ciclo de vida do arquivo, desde o upload até a exibição, sem a necessidade de manipular diretamente a estrutura de arquivos no servidor.

Armazenamento local e em serviços como AWS S3

O Active Storage suporta múltiplos serviços de armazenamento, tanto localmente quanto na nuvem. Isso permite flexibilidade ao lidar com o armazenamento de arquivos, adaptando-se às necessidades de escalabilidade da aplicação.

Armazenamento Local

Por padrão, o Active Storage armazena os arquivos localmente, no diretório storage dentro do diretório do projeto Rails. Isso é configurado no arquivo config/storage.yml, onde você pode definir os diferentes serviços de armazenamento. O serviço local básico já vem configurado da seguinte maneira:

yaml

```
local:
  service: Disk
  root: <%= Rails.root.join("storage") %>
```

Essa configuração define que os arquivos serão armazenados no diretório storage. O Active Storage criará subdiretórios automaticamente para organizar os arquivos e seus metadados. Esse tipo de armazenamento é ideal para ambientes de desenvolvimento ou pequenos projetos, onde o acesso aos arquivos não precisa ser feito por múltiplos servidores.

Armazenamento na Nuvem com AWS S3

Para aplicações maiores, ou para aquelas que exigem maior escalabilidade, o armazenamento na nuvem é a melhor solução. O **Amazon S3** é um dos serviços de armazenamento na nuvem mais populares e é amplamente suportado pelo Active Storage. Para configurar o armazenamento no S3, você deve primeiro adicionar a gem aws-sdk-s3 ao seu Gemfile:

ruby

```ruby
gem 'aws-sdk-s3'
```

Depois de instalar a gem, é necessário configurar o Active Storage para usar o serviço S3. No arquivo config/storage.yml, adicione uma configuração para o S3:

yaml

```yaml
amazon:
  service: S3
  access_key_id: <%= ENV['AWS_ACCESS_KEY_ID'] %>
  secret_access_key: <%= ENV['AWS_SECRET_ACCESS_KEY'] %>
  region: <%= ENV['AWS_REGION'] %>
  bucket: <%= ENV['AWS_BUCKET'] %>
```

Essas variáveis de ambiente (AWS_ACCESS_KEY_ID, AWS_SECRET_ACCESS_KEY, AWS_REGION, AWS_BUCKET) devem ser configuradas com as credenciais fornecidas pelo AWS S3. Para alternar entre armazenamento local e S3, você pode configurar o ambiente de produção para usar o S3, enquanto o ambiente de desenvolvimento continua utilizando o armazenamento local. Isso pode ser feito no arquivo config/environments/production.rb:

ruby

```ruby
config.active_storage.service = :amazon
```

Com essa configuração, sua aplicação Rails estará preparada para armazenar arquivos diretamente no S3, garantindo alta disponibilidade e fácil escalabilidade. O Active Storage gerenciará automaticamente o upload e a recuperação dos arquivos, assim como as permissões e URLs temporárias para acesso seguro.

Processamento de imagens e arquivos

Além de permitir o upload e armazenamento de arquivos, o Active Storage facilita o processamento de arquivos, especialmente imagens. O processamento de imagens pode incluir redimensionamento, corte ou mesmo aplicação de filtros, e o Rails oferece integração com bibliotecas como **MiniMagick** para realizar essas operações de forma eficiente.

Redimensionamento de Imagens

Um dos casos mais comuns de processamento de imagens é o redimensionamento. Você pode querer exibir diferentes tamanhos de uma mesma imagem, dependendo de onde ela é usada na aplicação (miniaturas, imagens de perfil, banners, etc.). O Active Storage permite que você redimensione imagens dinamicamente usando o método variant:

ruby

```
<%= image_tag @user.avatar.variant(resize_to_limit: [300, 300]) %>
```

Aqui, o método variant é usado para criar uma versão redimensionada da imagem original, limitando seu tamanho a 300x300 pixels. Esse redimensionamento é feito dinamicamente e a versão resultante é armazenada em cache, o que significa que ela será gerada uma vez e reutilizada em requisições futuras.

Para habilitar o redimensionamento de imagens, é necessário instalar a gem **image_processing**, que usa o MiniMagick para manipular as imagens:

ruby

```ruby
gem 'image_processing', '~> 1.2'
```

Depois de instalar a gem, o Active Storage usará automaticamente o MiniMagick para realizar operações de redimensionamento e outros tipos de processamento de imagens.

Upload e processamento de múltiplos arquivos

Em muitos cenários, você pode querer permitir que os usuários façam o upload de múltiplos arquivos ao mesmo tempo. O Active Storage facilita isso com o método has_many_attached, que permite associar vários arquivos a um único registro.

Por exemplo, em um modelo Post, onde você deseja permitir o upload de várias imagens, a configuração seria assim:

ruby

```ruby
class Post < ApplicationRecord
  has_many_attached :images
end
```

No formulário da view, basta configurar o campo de arquivo para aceitar múltiplos arquivos:

erb

```erb
<%= form_with model: @post, local: true do |form| %>
  <%= form.label :images, "Upload de Imagens" %>
  <%= form.file_field :images, multiple: true %>
  <%= form.submit "Salvar" %>
```

```erb
<% end %>
```

Depois de fazer o upload de múltiplos arquivos, você pode iterar sobre eles e processá-los como desejar:

erb

```erb
<% @post.images.each do |image| %>
  <%= image_tag image.variant(resize_to_limit: [150, 150]) %>
<% end %>
```

Com isso, a aplicação permite o upload e processamento de múltiplos arquivos, redimensionando ou aplicando outros tipos de transformações conforme necessário.

Armazenamento seguro e
gerenciamento de permissões

Outro aspecto importante do upload de arquivos é garantir que os arquivos sejam armazenados de maneira segura e que o acesso a eles seja controlado adequadamente. O Active Storage facilita o controle de acesso através de URLs assinadas, que geram links temporários para que os arquivos possam ser acessados sem expor suas localizações diretas.

Por exemplo, ao gerar uma URL para exibir uma imagem armazenada no S3, o Active Storage cria um link temporário que expira após um período de tempo configurado, garantindo que o arquivo não possa ser acessado permanentemente por usuários não autorizados.

Além disso, para garantir que arquivos sensíveis não fiquem acessíveis a todos, é possível usar permissões baseadas em modelos, associando arquivos apenas a usuários ou grupos específicos e garantindo que apenas aqueles com permissões adequadas possam acessá-los.

A implementação de uploads com o Active Storage no

Rails oferece uma solução poderosa e flexível para gerenciar arquivos em qualquer tipo de aplicação. Com suporte para armazenamento local e em serviços de nuvem como o AWS S3, além de processamento avançado de imagens, o Active Storage facilita o desenvolvimento de funcionalidades complexas de upload, garantindo ao mesmo tempo segurança e escalabilidade.

Trabalhar com arquivos na web tornou-se uma parte fundamental de muitas aplicações modernas, e com as ferramentas adequadas, você pode fornecer uma experiência de usuário rica e fluida, permitindo uploads e manipulações de arquivos de forma simples e eficaz.

Além das funcionalidades básicas de upload e armazenamento, o Active Storage também oferece a possibilidade de manipular e processar arquivos de maneira eficaz. Ao utilizar ferramentas como o MiniMagick para redimensionamento e processamento de imagens, você pode atender às necessidades específicas dos usuários e melhorar a experiência geral da aplicação.

A integração com serviços de armazenamento em nuvem, como AWS S3, não apenas garante a escalabilidade da sua aplicação, mas também proporciona uma infraestrutura robusta e confiável para gerenciar arquivos. A capacidade de armazenar e recuperar arquivos de forma segura, juntamente com a possibilidade de trabalhar com múltiplos arquivos simultaneamente, torna o Active Storage uma escolha ideal para desenvolvedores que buscam uma solução abrangente para uploads de arquivos em Rails.

Ao implementar controles de acesso e gerenciar permissões de forma adequada, você pode garantir que a segurança dos dados dos usuários seja priorizada, permitindo uploads e acessos de forma responsável e ética.

CAPÍTULO 24: DOCKER E RAILS

Introdução ao Docker para ambientes Rails

O **Docker** revolucionou a forma como os desenvolvedores constroem, implementam e gerenciam aplicações. Ao encapsular uma aplicação e suas dependências em contêineres, o Docker garante que a aplicação funcione de forma consistente em qualquer ambiente. Isso elimina problemas comuns relacionados a "funciona na minha máquina", pois os contêineres proporcionam um ambiente isolado e controlado.

No contexto do desenvolvimento Rails, o Docker se torna uma ferramenta especialmente útil. Ele permite que os desenvolvedores criem um ambiente de desenvolvimento reproduzível e facilmente compartilhável, o que é crucial em equipes colaborativas ou em ambientes de produção. Ao utilizar o Docker, os desenvolvedores podem definir as versões exatas de Ruby, Rails e outras dependências, garantindo que todos na equipe estejam trabalhando no mesmo ambiente.

O que é Docker?

O Docker é uma plataforma de virtualização baseada em contêineres que permite empacotar uma aplicação com todas as suas dependências em um contêiner leve e portátil. Esses contêineres podem ser executados em qualquer sistema que tenha o Docker instalado, seja em ambientes de desenvolvimento, testes ou produção. Ao contrário de máquinas virtuais, os contêineres compartilham o mesmo núcleo do sistema operacional, o que os torna mais leves e rápidos para iniciar.

Benefícios do Docker para aplicações Rails

1. **Reproduzibilidade**: Com o Docker, você pode definir um ambiente de desenvolvimento que pode ser facilmente reproduzido por outros membros da equipe. Isso garante que todos trabalhem nas mesmas versões de dependências e configurações.
2. **Portabilidade**: Contêineres Docker podem ser executados em qualquer sistema que suporte Docker, independentemente do ambiente subjacente. Isso facilita a migração de aplicações entre ambientes de desenvolvimento, teste e produção.
3. **Isolamento**: Cada contêiner é isolado dos outros, o que significa que diferentes aplicações ou serviços podem coexistir no mesmo sistema sem conflitos de dependências.
4. **Gerenciamento simplificado**: Docker fornece ferramentas poderosas para gerenciar contêineres, facilitando a criação, execução e monitoramento de aplicações.

Criação de um ambiente Rails containerizado

Criar um ambiente Rails com Docker envolve a definição de um arquivo de configuração chamado **Dockerfile** e um arquivo **docker-compose.yml** que especifica como os contêineres interagem entre si.

1. Configurando o Dockerfile

O Dockerfile é um script que contém todas as instruções necessárias para construir a imagem Docker da sua aplicação. Aqui está um exemplo básico de um Dockerfile para uma aplicação Rails:

dockerfile

```
# Escolhendo a imagem base do Ruby
FROM ruby:3.1

# Instalação de dependências do sistema
RUN apt-get update -qq && apt-get install -y nodejs postgresql-client

# Criando e definindo o diretório da aplicação
RUN mkdir /myapp
WORKDIR /myapp

# Copiando o Gemfile e instalando as gems
COPY Gemfile /myapp/Gemfile
COPY Gemfile.lock /myapp/Gemfile.lock
RUN bundle install

# Copiando o restante do código da aplicação
COPY . /myapp

# Expondo a porta padrão da aplicação
EXPOSE 3000

# Comando para iniciar o servidor Rails
CMD ["rails", "server", "-b", "0.0.0.0"]
```

Neste Dockerfile, você começa com uma imagem base do Ruby, instala as dependências necessárias, cria um diretório para a aplicação e copia os arquivos da aplicação para dentro do contêiner. O comando CMD especifica como o contêiner deve ser executado, neste caso, iniciando o servidor Rails.

2. Configurando o docker-compose.yml

O **docker-compose** é uma ferramenta que permite definir e executar múltiplos contêineres Docker. Com o docker-compose, você pode orquestrar serviços como banco de dados e a própria aplicação Rails em um único arquivo de configuração.

Aqui está um exemplo básico de um arquivo docker-compose.yml para uma aplicação Rails:

yaml

```
version: '3'
services:
  web:
    build: .
    command: rails server -b 0.0.0.0
    volumes:
      - .:/myapp
    ports:
      - "3000:3000"
    depends_on:
      - db

  db:
    image: postgres
    volumes:
      - pg_data:/var/lib/postgresql/data
    environment:
      POSTGRES_USER: user
      POSTGRES_PASSWORD: password
      POSTGRES_DB: myapp_development

volumes:
  pg_data:
```

Neste arquivo, o serviço web é configurado para construir a imagem a partir do Dockerfile no diretório atual. O serviço db usa a imagem oficial do PostgreSQL e configura variáveis de ambiente para definir o usuário, a senha e o banco de dados. O volume pg_data é utilizado para persistir os dados do banco de dados, garantindo que eles não sejam perdidos quando o contêiner for reiniciado.

3. Construindo e executando os contêineres

Com os arquivos Dockerfile e docker-compose.yml configurados, você pode construir e iniciar os contêineres com o seguinte comando:

bash

```
docker-compose up --build
```

Este comando irá construir a imagem do contêiner da aplicação Rails e iniciar os serviços definidos no arquivo docker-compose.yml. A aplicação estará disponível na URL http://localhost:3000.

4. Executando comandos dentro do contêiner

Você pode precisar executar comandos adicionais dentro do contêiner, como a criação do banco de dados. Isso pode ser feito usando o comando docker-compose exec:

bash

```
docker-compose exec web rails db:create
```

Esse comando executa o comando rails db:create dentro do contêiner web, criando o banco de dados conforme configurado.

Deploy de aplicações Rails com Docker

Depois de configurar e desenvolver sua aplicação Rails com

Docker, o próximo passo é prepará-la para **deploy** em um ambiente de produção. O Docker simplifica o processo de deploy, permitindo que você execute sua aplicação em contêineres em qualquer ambiente que suporte Docker.

1. Otimizando a imagem para produção

Ao criar a imagem Docker para produção, você deve considerar algumas práticas para otimizar o tamanho da imagem e a segurança:

- **Utilizar imagens base leves**: Considere usar imagens base menores, como alpine, que podem reduzir significativamente o tamanho final da imagem. Para Ruby, você pode usar ruby:3.1-alpine como base.

- **Minimizar dependências**: Verifique se você está instalando apenas as dependências necessárias e removendo quaisquer pacotes de desenvolvimento ou arquivos temporários que não são necessários para a execução da aplicação em produção.

- **Definir variáveis de ambiente**: Utilize variáveis de ambiente para definir configurações específicas do ambiente, como credenciais de banco de dados, senhas e outras informações sensíveis.

yaml

```yaml
environment:
  DATABASE_URL: postgres://user:password@db/myapp_production
```

2. Configurando um serviço de orquestração

Para ambientes de produção mais complexos, pode ser útil utilizar um serviço de orquestração como Kubernetes ou Docker Swarm. Esses serviços permitem gerenciar múltiplos contêineres, escalar a aplicação de acordo com a demanda e facilitar a recuperação de falhas.

Com o Kubernetes, por exemplo, você pode criar arquivos de configuração YAML para definir Deployments e Services, que gerenciam a execução e o balanceamento de carga entre contêineres.

3. Utilizando serviços de nuvem

O Docker é amplamente suportado por provedores de serviços em nuvem, permitindo que você implemente facilmente sua aplicação em ambientes como AWS ECS, Google Kubernetes Engine (GKE) ou Azure Container Instances. O uso de serviços de nuvem permite que você aproveite a infraestrutura escalável e gerenciada, eliminando a necessidade de gerenciar servidores fisicamente.

Para implementar sua aplicação em um desses ambientes, você normalmente precisa criar uma imagem Docker e enviá-la para um registro de contêiner (como Docker Hub ou AWS ECR) e, em seguida, configurar o serviço na nuvem para puxar a imagem e iniciar os contêineres.

A integração do Docker com aplicações Rails oferece uma maneira eficiente de criar, testar e implantar aplicações de forma consistente e escalável. Ao usar contêineres, você elimina muitos dos problemas comuns relacionados a ambientes de desenvolvimento e produção, garantindo que sua aplicação funcione da mesma forma em qualquer lugar.

Com a configuração adequada de Docker e docker-compose, juntamente com práticas de segurança e otimização, você pode aproveitar ao máximo o Docker para desenvolver e implementar suas aplicações Rails, proporcionando uma base sólida e flexível para o crescimento futuro. O conhecimento sobre como trabalhar com Docker se tornará cada vez mais valioso à medida que a demanda por aplicações que utilizam microsserviços e arquitetura em contêineres continua a crescer.

CAPÍTULO 25: MONITORAÇÃO E LOGS

Monitoramento de aplicações Rails com ferramentas como New Relic

No desenvolvimento e operação de aplicações Rails, a monitoração é uma parte crítica que permite manter a saúde do sistema e garantir uma experiência de usuário de alta qualidade. À medida que as aplicações crescem em complexidade e número de usuários, a necessidade de ferramentas de monitoração torna-se ainda mais premente. Uma das ferramentas mais populares no ecossistema Rails para esse propósito é o **New Relic**, que fornece insights detalhados sobre o desempenho da aplicação.

O que é New Relic?

New Relic é uma plataforma de monitoramento de desempenho de aplicações (APM) que permite rastrear e analisar a performance de aplicações web em tempo real. Com o New Relic, desenvolvedores e equipes de operações podem identificar problemas de desempenho, otimizar o tempo de resposta e melhorar a experiência do usuário.

As principais funcionalidades do New Relic incluem:

1. **Rastreamento de transações**: O New Relic rastreia o tempo que cada transação leva para ser concluída, desde o recebimento da requisição até a resposta,

permitindo identificar gargalos.

2. **Análise de desempenho de consultas**: Ele fornece detalhes sobre o desempenho de consultas SQL, permitindo que você veja quais consultas estão mais lentas e precisam de otimização.

3. **Monitoramento de erros**: O New Relic captura e exibe informações sobre exceções e erros que ocorrem na aplicação, facilitando a identificação e resolução de problemas.

4. **Métricas de uso**: Ele fornece métricas sobre a utilização da aplicação, incluindo tempo de resposta, throughput e taxas de erro.

5. **Integração com outros serviços**: O New Relic pode ser integrado com outras ferramentas e serviços, como Slack, para alertas em tempo real sobre problemas.

Configurando New Relic em uma aplicação Rails

Para começar a usar o New Relic em uma aplicação Rails, siga os passos a seguir:

Adicionar a gem do New Relic: Adicione a gem ao seu Gemfile: ruby

```
gem 'newrelic_rpm'
```
Depois, execute o comando para instalar a gem: bash

```
bundle install
```

Configurar a chave de licença: Após instalar a gem, você precisará da sua chave de licença do New Relic, que pode ser obtida ao criar uma conta no New Relic. Uma vez obtida, crie um arquivo de configuração chamado newrelic.yml na raiz da sua aplicação ou utilize o gerador de configuração:

bash

```
rails generate newrelic:install
```

Insira sua chave de licença no arquivo de configuração:
yaml

```
common: &default_settings
  license_key: 'YOUR_NEW_RELIC_LICENSE_KEY'
  app_name: 'My Rails App'
```

Deploy e coleta de dados: Após configurar o New Relic, faça o deploy da sua aplicação. Assim que a aplicação estiver em execução, o New Relic começará a coletar dados de desempenho e você poderá visualizá-los no painel do New Relic.

Verificando o desempenho: Acesse o painel do New Relic e você verá uma visão geral das métricas de desempenho da sua aplicação, incluindo tempo de resposta, throughput e erros.

Análise e resposta a problemas de desempenho

Uma vez que o New Relic esteja em funcionamento, você poderá analisar os dados coletados para identificar problemas de desempenho. Fique atento a:

- **Transações lentas**: Acesse a seção de transações no painel para identificar quais ações ou rotas estão consumindo mais tempo. Isso pode indicar onde otimizações são necessárias.

- **Consultas lentas**: Analise as consultas SQL para ver quais estão levando mais tempo para serem executadas. Otimize essas consultas, considere adicionar índices ou reescrever consultas ineficientes.

- **Taxas de erro**: Monitore a seção de erros para ver quais exceções estão ocorrendo com mais frequência. Investigue a causa raiz e implemente correções para melhorar a estabilidade da aplicação.

Configuração de logs e visualização de erros

Além do monitoramento de desempenho, o gerenciamento eficaz de logs é fundamental para a saúde e a manutenção de aplicações Rails. Os logs fornecem informações valiosas sobre o que está acontecendo dentro da aplicação, facilitando a identificação de problemas e a depuração de erros.

Configurando logs em Rails

O Rails utiliza o ActiveSupport::Logger para gerenciar logs, e a configuração padrão já fornece informações úteis, mas é possível personalizar ainda mais. A configuração de logs é definida no arquivo config/environments/*.rb, e você pode ajustar o nível de log e o formato:

ruby

```
# config/environments/production.rb
config.log_level = :info
```

Os níveis de log disponíveis são :debug, :info, :warn, :error, e :fatal. No ambiente de produção, é comum definir o nível de log como :info ou :error, evitando que logs excessivos consumam recursos desnecessários.

Armazenamento de logs

Os logs podem ser armazenados em arquivos ou enviados para serviços externos de gerenciamento de logs, como Loggly ou Papertrail. Para armazenar logs em arquivos, verifique a configuração padrão em config/environments/*.rb:

ruby

```
config.logger = ActiveSupport::Logger.new("log/
#{Rails.env}.log")
```

Para integrar com um serviço externo, você pode utilizar gems específicas que facilitam a configuração e o envio de logs para esses serviços.

Visualizando e gerenciando erros

Quando uma exceção ocorre em uma aplicação Rails, ela é registrada nos logs, e você pode visualizar essas informações para ajudar na depuração. Além disso, a gem Rollbar ou Sentry pode ser utilizada para capturar e gerenciar erros de forma mais eficiente. Esses serviços oferecem integração fácil com Rails e fornecem notificações em tempo real sobre novos erros, facilitando a resposta rápida a problemas.

Exemplo de integração com Rollbar

Para usar Rollbar, adicione a gem ao seu Gemfile:

ruby

```
gem 'rollbar'
```

Depois, execute bundle install e configure o Rollbar em seu projeto:

ruby

```
# config/initializers/rollbar.rb
Rollbar.configure do |config|
  config.access_token = 'YOUR_ROLLBAR_ACCESS_TOKEN'
```

```
config.environment = Rails.env
end
```

Com isso, o Rollbar capturará automaticamente exceções não tratadas e enviará relatórios

detalhados para o seu painel do Rollbar, onde você poderá gerenciar e analisar os erros que ocorrem na sua aplicação.

Análise de métricas de desempenho e otimizações

Monitorar e gerenciar logs não é suficiente; você também deve analisar as métricas de desempenho coletadas e identificar áreas que podem ser otimizadas. Uma análise regular ajudará a manter sua aplicação em um desempenho ideal.

Avaliação de métricas de desempenho

A análise de desempenho deve se concentrar em:

1. **Tempo de resposta**: Avalie os tempos médios de resposta das suas requisições. Se alguns endpoints estiverem levando mais tempo do que o esperado, investigue suas dependências e a lógica implementada.
2. **Taxa de erro**: Analise a taxa de erro em relação ao número total de requisições. Um aumento na taxa de erro pode indicar um problema crescente que precisa ser abordado rapidamente.
3. **Uso de recursos**: Monitore o uso de CPU e memória da aplicação. Uma utilização excessiva pode sinalizar a necessidade de otimização ou a adição de mais recursos.

Otimizações recomendadas

1. **Otimização de consultas**: Após identificar consultas lentas, utilize ferramentas como o EXPLAIN no PostgreSQL para entender melhor como as consultas estão sendo executadas e faça ajustes conforme necessário.
2. **Caching**: Implementar caching onde apropriado pode reduzir significativamente a carga no servidor e melhorar os tempos de resposta. O uso de fragment caching com o Active Storage pode ser muito eficaz.
3. **Limpeza de dados desnecessários**: Revise regularmente os logs e a base de dados para remover dados antigos ou irrelevantes, que podem causar lentidão na aplicação.
4. **Balanceamento de carga**: Em casos de aumento no tráfego, considere implementar um balanceador de carga para distribuir as requisições entre múltiplas instâncias da aplicação, aumentando a capacidade de resposta.
5. **Análise de performance de terceiros**: Se sua aplicação depende de APIs externas, monitore seu desempenho. APIs lentas podem afetar diretamente a performance da sua aplicação. Considere implementar estratégias de cache para respostas de API e ajuste a lógica para lidar com falhas de forma mais graciosa.

A monitoração e o gerenciamento de logs são componentes essenciais na manutenção da saúde de uma aplicação Rails. Ferramentas como New Relic oferecem insights valiosos que podem guiar suas decisões de otimização, enquanto um gerenciamento eficaz de logs fornece a informação necessária para depuração e resposta a incidentes.

Analisar métricas de desempenho regularmente e implementar otimizações com base nesses dados garantirá que sua aplicação permaneça ágil, confiável e escalável. Ao adotar boas práticas de monitoração e gerenciamento, você estará preparado para enfrentar os desafios que surgem à medida que sua aplicação cresce e evolui.

CAPÍTULO 26: DESENVOLVIMENTO ORIENTADO A COMPONENTES

Organizando código em Rails Engines

O **desenvolvimento orientado a componentes** tem ganhado cada vez mais atenção na comunidade de desenvolvedores Ruby on Rails. Com a crescente complexidade das aplicações, a modularização do código torna-se essencial para garantir a manutenibilidade, a escalabilidade e a reutilização do código. Uma das principais ferramentas que o Rails oferece para facilitar essa abordagem é o conceito de **Rails Engines**.

As Rails Engines são mini-aplicações que podem ser montadas dentro de uma aplicação Rails maior. Elas permitem encapsular funcionalidades específicas, criando componentes que podem ser desenvolvidos, testados e implementados de forma independente. Esse design modular traz vários benefícios, especialmente em equipes que trabalham em projetos grandes e complexos.

O que são Rails Engines?

Uma Rails Engine é uma forma de encapsular uma parte da sua aplicação em um componente separado, que pode ter suas próprias rotas, controladores, modelos, views e até mesmo assets. As engines podem ser consideradas como mini-aplicações que se integram perfeitamente a uma aplicação Rails principal.

As engines podem ser usadas para várias finalidades, como:

- Criar um sistema de autenticação reutilizável.

- Implementar um sistema de comentários que pode ser integrado em diferentes aplicações.

- Desenvolver um painel de administração que pode ser utilizado em várias aplicações.

A modularização através de engines não apenas facilita a organização do código, mas também promove a reutilização e a colaboração entre diferentes equipes ou projetos.

Criando uma Rails Engine

Para criar uma Rails Engine, você pode usar o comando de geração do Rails. Abra o terminal e execute:

bash

```
rails plugin new nome_da_engine --mountable
```

O parâmetro --mountable indica que você deseja criar uma engine montável, que pode ser facilmente integrada à aplicação Rails principal. Isso gera a estrutura de diretórios necessária para a sua engine.

A estrutura típica de uma Rails Engine inclui:

- **app/**: Contém os controladores, modelos e views da engine.

- **lib/**: Contém a lógica de negócio e classes auxiliares.

- **config/**: Contém configurações específicas da engine, incluindo rotas e arquivos de inicialização.

- **spec/**: Contém os testes da engine.

Após criar a engine, você pode implementar funcionalidades específicas dentro da sua estrutura modular.

Montando a Engine na Aplicação Principal

Uma vez que a engine esteja desenvolvida, você precisará montá-la na sua aplicação Rails principal. Isso pode ser feito adicionando a seguinte linha no arquivo config/routes.rb da aplicação principal:

ruby

```
mount NomeDaEngine::Engine, at: '/nome_da_engine'
```

Com isso, todas as rotas definidas na engine estarão disponíveis sob o caminho especificado. Você pode, então, acessar as funcionalidades da engine como parte da sua aplicação principal.

Separação de funcionalidades em componentes modulares

Uma das principais vantagens do desenvolvimento orientado a componentes é a separação de funcionalidades em módulos que podem ser gerenciados de forma independente. Isso resulta em um código mais limpo, legível e fácil de manter.

Princípios de design modular

Ao projetar uma Rails Engine, é importante seguir alguns

princípios de design modular:

1. **Responsabilidade Única**: Cada componente deve ter uma única responsabilidade. Isso significa que uma engine deve se concentrar em uma funcionalidade específica, como autenticação, pagamento ou gerenciamento de usuários.
2. **Baixo Acoplamento**: Os componentes devem ser independentes uns dos outros. Isso facilita a substituição ou a atualização de um componente sem afetar os outros.
3. **Alta Coesão**: Os elementos dentro de um componente devem estar fortemente relacionados. Isso significa que todos os modelos, controladores e views dentro de uma engine devem trabalhar juntos para cumprir a mesma tarefa.
4. **Reutilização**: Os componentes devem ser projetados para serem reutilizáveis em diferentes partes da aplicação ou em diferentes aplicações. Isso pode incluir a criação de interfaces públicas bem definidas e a documentação adequada.

Exemplo de implementação

Considere uma situação onde você deseja criar uma engine de autenticação. Você poderia criar uma engine chamada AuthEngine que contém todos os elementos necessários para gerenciar a autenticação de usuários.

1. **Criando a Engine**: Use o comando mencionado anteriormente para criar a engine.
2. **Modelos e Controladores**: Dentro da engine, crie um modelo User e um controlador SessionsController para gerenciar o login e logout.

ruby

```
# app/models/auth_engine/user.rb
class AuthEngine::User < ApplicationRecord
  # Lógica de autenticação, validações, etc.
end
```

ruby

```
# app/controllers/auth_engine/sessions_controller.rb
class AuthEngine::SessionsController < ApplicationController
  def create
    # Lógica para criar sessão de usuário
  end

  def destroy
    # Lógica para destruir sessão
  end
end
```

3. **Views**: Crie views para login e logout.
4. **Rotas**: Defina rotas específicas dentro da engine.

ruby

```
# config/routes.rb da engine
AuthEngine::Engine.routes.draw do
  resources :sessions, only: [:new, :create, :destroy]
end
```

Com isso, você tem uma engine de autenticação que pode ser facilmente montada em qualquer aplicação Rails, mantendo a lógica e a estrutura do código bem organizadas.

Vantagens e desafios de Rails Engines

O uso de Rails Engines traz diversas vantagens, mas também

apresenta desafios que os desenvolvedores devem estar cientes.

Vantagens

1. **Modularidade**: Como mencionado, a separação de funcionalidades em componentes modulares torna o código mais limpo e gerenciável.
2. **Reutilização de código**: Com as engines, você pode reutilizar código em diferentes projetos, o que economiza tempo e esforço.
3. **Colaboração em equipe**: Em equipes grandes, diferentes desenvolvedores podem trabalhar em diferentes engines ao mesmo tempo, sem interferir uns nos outros.
4. **Facilidade de teste**: Testar componentes isolados se torna mais simples, pois você pode escrever testes específicos para cada engine.
5. **Escalabilidade**: A modularidade facilita a escalabilidade da aplicação. À medida que novos requisitos surgem, você pode adicionar novas engines sem impactar a aplicação existente.

Desafios

1. **Complexidade inicial**: Para aplicações simples, a implementação de engines pode adicionar uma camada de complexidade desnecessária. É importante avaliar se a modularização é necessária para o projeto em questão.
2. **Gerenciamento de dependências**: Cada engine pode ter suas próprias dependências, e gerenciar isso pode se tornar complicado à medida que o número de engines aumenta.
3. **Comunicação entre engines**: Se diferentes engines

precisarem interagir, pode ser necessário estabelecer contratos claros entre elas, o que pode complicar a implementação.

4. **Configuração e documentação**: As engines exigem uma configuração e documentação cuidadosas para garantir que outros desenvolvedores possam entendê-las e utilizá-las corretamente.

5. **Desempenho**: Embora a modularização traga muitos benefícios, também pode haver um impacto no desempenho devido à sobrecarga de comunicação entre diferentes componentes.

O desenvolvimento orientado a componentes com Rails Engines é uma abordagem poderosa para a construção de aplicações Rails modulares, escaláveis e de fácil manutenção. Ao encapsular funcionalidades em componentes independentes, você pode melhorar a organização do código, facilitar a colaboração em equipe e reutilizar código em diferentes projetos.

Com as vantagens e desafios associados às Rails Engines, é crucial avaliar a necessidade de modularização em seus projetos e implementar as melhores práticas para garantir que sua aplicação permaneça eficiente e gerenciável. À medida que você se familiariza com o desenvolvimento orientado a componentes, verá como essa abordagem pode transformar a forma como você desenvolve e mantém suas aplicações Rails, promovendo uma base sólida para o crescimento e a evolução contínuos.

CAPÍTULO 27: CONSTRUÇÃO DE MARKETPLACES COM RAILS

Arquitetura para marketplaces e sistemas multi-sided

A construção de um **marketplace** envolve o desenvolvimento de uma plataforma que conecta diferentes tipos de usuários, como compradores e vendedores, em um ambiente onde podem interagir, realizar transações e trocar informações. Essa abordagem multi-sided traz uma série de desafios e oportunidades que devem ser cuidadosamente considerados durante a arquitetura do sistema.

1. Estrutura básica do marketplace

Um marketplace típico pode ser dividido em várias camadas, cada uma com suas responsabilidades:

- **Frontend**: A interface do usuário, onde compradores e vendedores interagem com a plataforma. Essa camada é responsável por apresentar informações de maneira clara e acessível, permitindo que os usuários realizem ações como navegar por produtos, realizar compras e gerenciar perfis.

- **Backend**: A lógica de negócios que processa as requisições do frontend, gerencia as interações entre usuários, e controla o fluxo de dados. O backend deve ser capaz de lidar com autenticação, processamento de pedidos, gerenciamento de perfis e comunicação com serviços externos, como gateways de pagamento.

- **Banco de dados**: A camada que armazena todas as informações relevantes, incluindo dados de usuários, produtos, transações e feedback. Um design eficaz do banco de dados é crucial para garantir a eficiência das operações.

2. Arquitetura multi-sided

Um dos principais desafios na construção de um marketplace é a necessidade de atender a múltiplos lados da plataforma, como vendedores e compradores. A arquitetura deve ser capaz de suportar:

- **Vários tipos de usuários**: Cada tipo de usuário pode ter diferentes permissões e funcionalidades. Por exemplo, um vendedor deve poder listar produtos, enquanto um comprador deve poder realizar compras.

- **Interações complexas**: Os usuários precisam interagir entre si, como vendedores oferecendo produtos e compradores fazendo perguntas ou deixando feedback. Isso requer uma modelagem cuidadosa das relações no banco de dados.

- **Fluxo de pagamento**: O sistema deve gerenciar transações financeiras de forma segura e eficiente, garantindo que os pagamentos sejam processados corretamente entre compradores e vendedores.

3. Modelagem do banco de dados

Uma modelagem eficaz do banco de dados é essencial para um marketplace bem-sucedido. Aqui estão algumas entidades comuns e suas relações:

- **Usuários**: Tabela que armazena informações sobre todos os usuários, tanto compradores quanto vendedores. Isso pode incluir campos como id, nome, email, tipo, senha e perfil.

- **Produtos**: Tabela que armazena informações sobre os produtos listados pelos vendedores. Isso pode incluir campos como id, nome, descrição, preço, quantidade, vendedor_id, e imagem.

- **Pedidos**: Tabela que armazena informações sobre as transações realizadas pelos compradores. Os campos podem incluir id, comprador_id, produto_id, quantidade, status, e data.

- **Transações**: Tabela que rastreia as transações financeiras. Isso pode incluir campos como id, pedido_id, valor, status, e data.

Gerenciamento de pagamentos com Stripe e PayPal

Uma das funcionalidades mais críticas em um marketplace é o processamento de pagamentos. O Rails se integra facilmente a serviços como **Stripe** e **PayPal**, que fornecem APIs robustas para gerenciar transações financeiras de maneira segura.

1. Stripe

Stripe é uma plataforma de pagamentos que permite que empresas aceitem pagamentos online de forma simples e segura. A integração do Stripe em uma aplicação Rails envolve algumas etapas:

Configuração do Stripe

Adicionar a gem Stripe: Adicione a gem stripe ao seu Gemfile:
ruby

```
gem 'stripe'
```

1. Em seguida, execute o comando bundle install.
2. **Configurar credenciais**: Crie uma conta no Stripe e obtenha suas chaves de API. Armazene essas chaves como variáveis de ambiente para segurança.

Inicializar Stripe: Configure o Stripe no seu aplicativo Rails, geralmente em um initializer:
ruby

```
# config/initializers/stripe.rb
Stripe.api_key = ENV['STRIPE_SECRET_KEY']
```

Processamento de pagamentos

Para processar um pagamento, você geralmente cria uma rota e um controlador que lidam com a requisição. Um exemplo básico de como criar um pagamento com Stripe pode ser visto a seguir:

ruby

```
# app/controllers/payments_controller.rb
class PaymentsController < ApplicationController
  def create
    charge = Stripe::Charge.create({
      amount: 1000, # valor em centavos
      currency: 'usd',
      source: params[:stripeToken], # token gerado pelo
formulário de pagamento
      description: 'Pagamento de exemplo',
    })

    # Lógica para criar um pedido ou notificar o vendedor
```

```
    render json: { status: 'success' }
  rescue Stripe::CardError => e
    render json: { error: e.message },
status: :unprocessable_entity
  end
end
```

No frontend, você precisará coletar as informações de pagamento usando a biblioteca Stripe.js, que permite criar um token a partir dos dados do cartão de crédito, evitando que as informações sensíveis sejam enviadas diretamente ao seu servidor.

html

```html
<form action="/payments" method="POST" id="payment-form">
  <div class="form-row">
    <label for="card-element">
      Cartão de crédito
    </label>
    <div id="card-element">
      <!-- Um elemento do cartão será inserido aqui -->
    </div>

    <!-- Usado para mostrar erros de validação -->
    <div id="card-errors" role="alert"></div>
  </div>

  <button type="submit">Enviar Pagamento</button>
</form>
```

2. PayPal

PayPal é outro serviço de pagamento popular que pode ser integrado a um marketplace. A configuração do PayPal é semelhante à do Stripe:

Configuração do PayPal

Adicionar a gem do PayPal: Adicione a gem paypal-sdk-rest ao
seu Gemfile:
ruby

```
gem 'paypal-sdk-rest'
```

Configurar credenciais: Crie uma conta de desenvolvedor no
PayPal e obtenha suas credenciais (Client ID e Secret). Armazene
essas informações como variáveis de ambiente.

Inicializar PayPal: Configure o PayPal no seu aplicativo Rails:
ruby

```
# config/initializers/paypal.rb
PayPal::SDK.configure do |config|
  config.mode = ENV['PAYPAL_MODE'] # 'sandbox' ou 'live'
  config.client_id = ENV['PAYPAL_CLIENT_ID']
  config.client_secret = ENV['PAYPAL_CLIENT_SECRET']
end
```

Processamento de pagamentos com PayPal

Para processar um pagamento com PayPal, você criaria uma rota
e um controlador semelhante ao Stripe. Aqui está um exemplo
básico:

ruby

```
# app/controllers/payments_controller.rb
class PaymentsController < ApplicationController
```

```ruby
  def create
    payment =
PayPal::SDK::REST::Payment.new(payment_params)

    if payment.create
      # Redirecionar para o PayPal para aprovação
      redirect_to payment.links.find { |v| v.rel ==
"approval_url" }.href
    else
      render json: { error: payment.error },
status: :unprocessable_entity
    end
  end

  private

  def payment_params
    {
      intent: "sale",
      payer: {
        payment_method: "paypal" },
      transactions: [{
        amount: {
          total: "10.00",
          currency: "USD" },
        description: "Pagamento de exemplo" }],
      redirect_urls: {
        return_url: "http://localhost:3000/success",
        cancel_url: "http://localhost:3000/cancel" }
    }
  end
end
```

Ao criar um pagamento, você define os detalhes da transação, incluindo o valor e a descrição, e redireciona o usuário para o PayPal para a aprovação do pagamento.

Gestão de perfis e permissões em marketplaces

Em um marketplace, a gestão de perfis e permissões é fundamental para garantir que cada usuário tenha acesso adequado às funcionalidades da plataforma. Isso envolve definir diferentes tipos de usuários, como compradores e vendedores, e implementar um sistema de permissões para controlar o que cada tipo de usuário pode fazer.

1. Modelagem de usuários

A modelagem de usuários em um marketplace geralmente envolve a criação de uma tabela de usuários com um campo para identificar o tipo de usuário (comprador ou vendedor). Um exemplo de modelo de usuário poderia ser:

ruby

```ruby
class User < ApplicationRecord
  enum role: { buyer: 0, seller: 1 }

  validates :email, presence: true, uniqueness: true
  validates :password, presence: true
end
```

Aqui, a enumeração role permite identificar se um usuário é um comprador ou vendedor, facilitando a implementação de lógicas específicas para cada tipo de usuário.

2. Gerenciamento de permissões

Com a modelagem definida, o próximo passo é gerenciar as permissões. Um sistema de permissões eficiente deve garantir que os usuários possam realizar apenas as ações permitidas. Para isso, você pode utilizar a gem **Pundit** ou **CanCanCan**, que facilitam a implementação de controles de acesso.

Exemplo de uso do Pundit

Adicionar a gem Pundit: Inclua a gem no seu Gemfile:
ruby

gem

'pundit'

javascript

2. **Configurar o Pundit**: Após instalar a gem, gere as políticas padrão:

```bash
rails generate pundit:install
```

3. **Definir políticas**: Crie uma política para gerenciar as permissões de usuários em relação a produtos ou pedidos:

ruby

```ruby
# app/policies/product_policy.rb
class ProductPolicy < ApplicationPolicy
  def create?
    user.seller?
  end

  def update?
    user.seller? && record.user_id == user.id
  end

  def show?
    true
  end

  def destroy?
```

```ruby
    user.seller? && record.user_id == user.id
  end
end
```

Neste exemplo, apenas vendedores podem criar e atualizar produtos, enquanto todos os usuários podem visualizar produtos. O método record refere-se à instância específica do modelo que está sendo avaliada.

4. **Autorizando ações no controlador**: Use o Pundit para verificar as permissões em seus controladores:

ruby

```ruby
class ProductsController < ApplicationController
  before_action :authenticate_user!
  before_action :set_product, only:
[:show, :edit, :update, :destroy]
  after_action :verify_authorized

  def create
    @product = Product.new(product_params)
    authorize @product

    if @product.save
      redirect_to @product, notice: 'Produto criado com sucesso.'
    else
      render :new
    end
  end

  private

  def set_product
    @product = Product.find(params[:id])
    authorize @product
  end
```

end

Neste trecho, o método authorize verifica se o usuário tem permissão para realizar a ação desejada com o produto.

A construção de marketplaces com Rails envolve uma arquitetura cuidadosa para suportar interações entre múltiplos tipos de usuários, gerenciamento de pagamentos e gestão de permissões. O uso de serviços de pagamento como Stripe e PayPal, juntamente com a implementação de sistemas robustos de autenticação e autorização, garante que sua aplicação seja segura e escalável.

Seguindo as práticas recomendadas e explorando as funcionalidades do Rails, você pode criar uma plataforma de marketplace eficiente e eficaz, capaz de atender às necessidades de compradores e vendedores, enquanto mantém um alto nível de controle e segurança. Essa abordagem modular e orientada a componentes não apenas melhora a experiência do usuário, mas também simplifica a manutenção e a evolução da sua aplicação ao longo do tempo.

CAPÍTULO 28: E-COMMERCE COM RUBY ON RAILS

Construção de sistemas de e-commerce com Spree e Solidus

O e-commerce se tornou uma parte fundamental do comércio moderno, permitindo que empresas e empreendedores alcancem clientes em todo o mundo. Com a crescente demanda por soluções de e-commerce, o Ruby on Rails se destaca como uma plataforma poderosa para construir sistemas de venda online. Duas das bibliotecas mais populares para esse propósito são **Spree** e **Solidus**.

1. O que são Spree e Solidus?

Spree é uma plataforma de e-commerce open source construída em Ruby on Rails, que permite a criação de lojas online personalizadas. Ela fornece uma estrutura modular, onde você pode adicionar ou remover funcionalidades conforme necessário, tornando-a uma escolha flexível para muitos desenvolvedores. A interface administrativa do Spree é intuitiva, permitindo que os geren

tes de e-commerce possam facilmente gerenciar produtos, pedidos e clientes.

Solidus, por outro lado, é um fork do Spree, que surgiu para manter e expandir a base de código do Spree após algumas mudanças na comunidade e na gestão do projeto. Solidus oferece uma base mais robusta e voltada para a sustentabilidade, com foco em atender melhor as necessidades de empresas que requerem um sistema de e-commerce confiável e seguro.

O Solidus também mantém um forte compromisso com a compatibilidade e a qualidade do código, resultando em um produto que muitos consideram mais maduro.

Ambas as plataformas permitem a construção de lojas online, gerenciamento de produtos, integração com gateways de pagamento e muito mais. A escolha entre elas deve considerar as necessidades específicas do seu projeto e o nível de personalização desejado.

2. Escolhendo entre Spree e Solidus

A escolha entre Spree e Solidus geralmente depende das necessidades específicas do projeto. Aqui estão alguns pontos a considerar:

- **Atualizações e manutenção**: Solidus tem um foco maior em manter um código-base robusto e bem testado, enquanto o Spree pode ter atualizações mais frequentes, mas com menos foco na estabilidade. Para projetos que exigem alta confiabilidade, Solidus pode ser a escolha ideal.

- **Facilidade de uso**: Spree pode ser mais fácil de começar para projetos menores ou para desenvolvedores que estão começando com e-commerce. Sua interface e configuração inicial podem ser mais acessíveis para iniciantes.

- **Documentação e comunidade**: Ambas as plataformas têm comunidades ativas e documentação abrangente. Solidus, sendo um fork, tende a ter uma documentação mais focada em usuários corporativos e em necessidades específicas de negócios.

- **Recursos e flexibilidade**: Ambas as plataformas oferecem recursos avançados, mas Solidus pode ter uma vantagem em cenários que exigem customizações mais profundas e específicas.

Gestão de produtos, inventários e pagamentos

Uma das funcionalidades centrais de qualquer sistema de e-commerce é a gestão de produtos e inventários. Isso inclui não apenas o cadastramento de produtos, mas também o controle de estoque e a gestão de preços.

1. Gestão de produtos

A gestão de produtos em uma plataforma de e-commerce envolve a definição de atributos, como nome, descrição, preço, imagens e categorias. Com Spree ou Solidus, você pode facilmente criar e gerenciar produtos através de um painel administrativo intuitivo.

Para cadastrar um produto, você normalmente usaria um formulário onde pode inserir as informações necessárias. Abaixo está um exemplo de controlador de administração que gerencia a criação de novos produtos:

ruby

```ruby
# app/controllers/admin/products_controller.rb
class Admin::ProductsController < ApplicationController
  def new
    @product = Product.new
  end

  def create
    @product = Product.new(product_params)
    if @product.save
      redirect_to admin_products_path, notice: 'Produto criado com sucesso.'
    else
      render :new
    end
```

```
end

private

def product_params
  params.require(:product).permit(:name, :description, :price,
:stock, :category_id)
  end
end
```

Neste exemplo, o controlador de administração gerencia a criação de novos produtos. O método product_params define quais atributos são permitidos no cadastro, assegurando que apenas os dados válidos sejam salvos no banco de dados.

2. Gestão de inventário

O gerenciamento de inventário é essencial para garantir que a loja funcione sem problemas. Com Spree ou Solidus, você pode controlar o estoque disponível de cada produto, permitindo que você evite vendas de itens fora de estoque.

A lógica de controle de estoque pode ser implementada diretamente nos modelos de produto. Um exemplo de como verificar a disponibilidade de estoque antes de confirmar um pedido é mostrado abaixo:

ruby

```
# app/models/order.rb
class Order < ApplicationRecord
  before_save :check_inventory

  private

  def check_inventory
    self.line_items.each do |line_item|
      product = line_item.product
      if product.stock < line_item.quantity
```

```
      errors.add(:base, "Estoque insuficiente para o produto
#{product.name}.")
        throw(:abort)
      end
    end
  end
end
```

Aqui, um callback before_save é utilizado para verificar se há estoque suficiente antes de confirmar um pedido, garantindo que não ocorram vendas indevidas.

3. Gestão de pagamentos

Integrar sistemas de pagamento é uma parte crucial do e-commerce. Spree e Solidus oferecem integrações com diversos gateways de pagamento, como Stripe e PayPal, permitindo que você processe pagamentos de forma segura.

Exemplo de integração com Stripe

Para integrar o Stripe, você precisará adicionar a gem stripe ao seu Gemfile:

ruby

```
gem 'stripe'
```

Após a instalação, você pode configurar o Stripe e criar uma sessão de pagamento. Veja um exemplo de controlador para gerenciar os pagamentos:

ruby

```
# app/controllers/payments_controller.rb
class PaymentsController < ApplicationController
  def create
    charge = Stripe::Charge.create({
```

```
    amount: @order.total_price_cents,
    currency: 'usd',
    source: params[:stripeToken], # token gerado pelo
formulário de pagamento
    description: 'Compra na loja',
  })

  if charge.paid
    @order.update(status: 'paid')
    redirect_to order_path(@order), notice: 'Pagamento
realizado com sucesso!'
  else
    redirect_to cart_path, alert: 'Falha no pagamento. Tente
novamente.'
  end
  rescue Stripe::CardError => e
    redirect_to cart_path, alert: e.message
  end
end
```

Nesse exemplo, quando um pagamento é criado, o Stripe processa a cobrança e verifica se o pagamento foi bem-sucedido antes de atualizar o status do pedido.

Integração com PayPal

A integração com PayPal segue um processo semelhante ao do Stripe. Primeiro, adicione a gem paypal-sdk-rest ao seu Gemfile:

ruby

```
gem 'paypal-sdk-rest'
```

Após a instalação, configure suas credenciais no initializer do PayPal:

ruby

```ruby
# config/initializers/paypal.rb
PayPal::SDK.configure do |config|
  config.mode = "sandbox" # Ou "live" para produção
  config.client_id = ENV['PAYPAL_CLIENT_ID']
  config.client_secret = ENV['PAYPAL_CLIENT_SECRET']
end
```

Para processar pagamentos, você pode criar um pagamento semelhante ao que foi feito com o Stripe:

ruby

```ruby
# app/controllers/payments_controller.rb
class PaymentsController < ApplicationController
  def create
    payment =
PayPal::SDK::REST::Payment.new(payment_params)

    if payment.create
      redirect_to payment.links.find { |v| v.rel ==
"approval_url" }.href
    else
      render json: { error: payment.error },
status: :unprocessable_entity
    end
  end

  private

  def payment_params
    {
      intent: "sale",
      payer: {
        payment_method: "paypal" },
      transactions: [{
        amount: {
          total: "10.00",
          currency: "USD" },
```

```
      description: "Pagamento de exemplo" }],
    redirect_urls: {
      return_url: "http://localhost:3000/success",
      cancel_url: "http://localhost:3000/cancel" }
    }
  end
end
```

Nesse exemplo, o PayPal cria um pagamento e redireciona o usuário para o PayPal para aprovação.

Melhorando a experiência do usuário

Ao integrar sistemas de pagamento, é importante garantir uma experiência de usuário suave. Isso inclui:

- **Feedback claro**: Notifique o usuário sobre o status do pagamento em tempo real. Utilize mensagens que informem se o pagamento foi bem-sucedido ou se houve algum erro.

- **Segurança**: Garanta que todas as transações sejam feitas de forma segura, utilizando HTTPS e seguindo as melhores práticas de segurança para o manuseio de dados financeiros.

- **Histórico de compras**: Permita que os usuários acessem um histórico de suas compras, proporcionando transparência e confiança na plataforma.

Construir um sistema de e-commerce com Ruby on Rails envolve a utilização de ferramentas e bibliotecas como Spree e Solidus para gerenciar produtos, inventários e pagamentos de forma eficaz. A integração com gateways de pagamento, como Stripe e

PayPal, facilita a realização de transações financeiras, enquanto a gestão de perfis e permissões garante uma experiência segura e controlada para os usuários.

Com a crescente demanda por soluções de e-commerce, o Ruby on Rails se mostra uma plataforma poderosa para desenvolver sistemas flexíveis e escaláveis. Ao seguir as melhores práticas de desenvolvimento e utilizar as ferramentas apropriadas, você pode criar um marketplace robusto que atenda às necessidades de compradores e vendedores, proporcionando uma experiência de usuário de alta qualidade e funcionalidade. À medida que você avança em sua jornada de desenvolvimento, a construção de sistemas de e-commerce não apenas desafia suas habilidades técnicas, mas também oferece a oportunidade de impactar positivamente a forma como os negócios operam no mundo digital.

CAPÍTULO 29: INTEGRAÇÃO CONTÍNUA E ENTREGA CONTÍNUA (CI/CD)

Implementação de pipelines CI/CD com ferramentas como GitHub Actions

A prática de Integração Contínua (CI) e Entrega Contínua (CD) é fundamental para o desenvolvimento ágil, permitindo que as equipes entreguem software de forma rápida e eficiente. O CI/CD ajuda a automatizar o processo de teste e implantação, garantindo que as alterações no código sejam integradas e entregues com frequência, reduzindo o risco de falhas e melhorando a qualidade do software.

No contexto de aplicações Ruby on Rails, o uso de ferramentas como GitHub Actions proporciona uma maneira prática de implementar pipelines CI/CD. GitHub Actions permite que você crie fluxos de trabalho que são executados em resposta a eventos em seu repositório, como push, pull requests ou issues.

1. O que é CI/CD?

- **Integração Contínua (CI):** Refere-se à prática de integrar as alterações de código de todos os colaboradores em um repositório compartilhado várias vezes ao dia. Cada integração é verificada por meio de testes automatizados para detectar erros rapidamente.

- **Entrega Contínua (CD)**: Envolve a automação do processo de entrega de software, permitindo que novas versões sejam disponibilizadas rapidamente em ambientes de produção. O objetivo é permitir que as equipes implementem novas funcionalidades e correções de bugs de maneira rápida e eficiente.

2. Vantagens do CI/CD

- **Detecção precoce de erros**: Com testes automatizados rodando a cada commit, os desenvolvedores são alertados sobre problemas mais rapidamente, permitindo uma correção mais ágil.

- **Redução do tempo de entrega**: O CI/CD acelera o processo de desenvolvimento e entrega de software, reduzindo o tempo entre a codificação e a disponibilidade de novas funcionalidades para os usuários.

- **Aumento da qualidade do software**: A automação de testes e o feedback contínuo garantem que o software mantenha um alto nível de qualidade ao longo do seu ciclo de vida.

- **Melhoria na colaboração**: O CI/CD promove uma cultura de colaboração entre equipes, onde os desenvolvedores são incentivados a integrar suas alterações frequentemente.

Automação de testes e deploys

A automação é um componente crucial do CI/CD, e envolve a configuração de testes automatizados e o processo de implantação da aplicação.

1. Configurando testes automatizados

No Ruby on Rails, existem várias bibliotecas e ferramentas que podem ser usadas para criar testes automatizados. O RSpec é uma das mais populares e amplamente utilizadas para testes de comportamento (BDD). Para configurar o RSpec em uma aplicação Rails, você pode adicionar a gem ao seu Gemfile:

ruby

```ruby
group :test do
  gem 'rspec-rails'
end
```

Depois de instalar a gem, execute o gerador do RSpec:

bash

```bash
rails generate rspec:install
```

Isso criará os diretórios e arquivos necessários para organizar seus testes. Agora você pode criar testes para suas funcionalidades. Por exemplo, um teste simples para um modelo User pode ser assim:

ruby

```ruby
# spec/models/user_spec.rb
require 'rails_helper'

RSpec.describe User, type: :model do
  it 'is valid with valid attributes' do
    user = User.new(name: 'John Doe', email: 'john@example.com')
    expect(user).to be_valid
  end

  it 'is not valid without a name' do
    user = User.new(name: nil)
```

```
    expect(user).to_not be_valid
  end
end
```

Os testes podem ser executados localmente usando o comando:

bash

```
bundle exec rspec
```

2. Configurando GitHub Actions para CI/CD

Com os testes configurados, o próximo passo é automatizar a execução desses testes e o processo de deploy usando GitHub Actions.

Criando um workflow de CI/CD

1. **Crie um diretório de workflows**: No seu repositório GitHub, crie o diretório .github/workflows. Este diretório é onde você armazenará seus arquivos de configuração do workflow.
2. **Arquivo de workflow**: Crie um arquivo YAML, por exemplo ci.yml, para definir o workflow:

yaml

```
name: CI/CD Pipeline

on:
  push:
    branches:
      - main
  pull_request:
    branches:
      - main

jobs:
```

```yaml
test:
  runs-on: ubuntu-latest
  steps:
    - name: Checkout code
      uses: actions/checkout@v2

    - name: Set up Ruby
      uses: ruby/setup-ruby@v1
      with:
        ruby-version: '3.1' # ou a versão que você estiver usando

    - name: Install dependencies
      run: |
        gem install bundler
        bundle install

    - name: Run tests
      run: bundle exec rspec
```

Nesse arquivo, você define um workflow que é acionado em push ou pull request para o branch main. O job test executa os passos necessários para testar sua aplicação, incluindo a instalação de dependências e a execução dos testes RSpec.

3. Automação de deploys

Para implementar o processo de entrega contínua, você pode adicionar um job de deploy ao seu workflow. Supondo que você esteja usando um serviço como Heroku para hospedar sua aplicação, o processo seria algo como:

yaml

```yaml
deploy:
  runs-on: ubuntu-latest
  needs: test
  steps:
    - name: Checkout code
```

```
    uses: actions/checkout@v2

  - name: Deploy to Heroku
    uses: akhileshns/heroku-deploy@v3.12.8
    with:
      heroku_app_name: ${{ secrets.HEROKU_APP_NAME }}
      heroku_email: ${{ secrets.HEROKU_EMAIL }}
      heroku_api_key: ${{ secrets.HEROKU_API_KEY }}
```

Aqui, você utiliza uma ação que faz o deploy para Heroku, utilizando variáveis de ambiente (secrets) para as credenciais necessárias.

Melhores práticas para entrega contínua em Rails

A implementação de CI/CD em uma aplicação Rails requer a adoção de algumas melhores práticas para garantir que o processo seja eficiente e eficaz.

1. Manter testes atualizados

Os testes devem ser uma parte essencial do processo de desenvolvimento. À medida que novas funcionalidades são implementadas, os testes também devem ser atualizados para refletir essas mudanças. Isso ajuda a garantir que os testes continuem sendo relevantes e eficazes na detecção de problemas.

2. Integrar com a revisão de código

Incentive a revisão de código por meio de pull requests antes da fusão em branches principais. Isso não apenas melhora a qualidade do código, mas também permite que outros membros da equipe revisem os testes e garantam que a lógica está correta.

3. Automatizar o mais possível

Automatize o máximo possível, desde testes até processos de deploy. Isso reduz o risco de erro humano e garante que o processo de entrega seja consistente e reproduzível.

4. Monitorar o desempenho

Implemente monitoramento e logging adequados para rastrear o desempenho da sua aplicação após o deploy. Ferramentas como New Relic ou Sentry podem ajudar a identificar problemas em tempo real, permitindo que você responda rapidamente a falhas ou problemas de desempenho.

5. Realizar deploys frequentes

Adote uma estratégia de deploy frequente, onde pequenas alterações são implementadas regularmente. Isso facilita a identificação de problemas e permite que os usuários recebam novas funcionalidades rapidamente.

6. Testes de integração e end-to-end

Além dos testes unitários, implemente testes de integração e end-to-end para verificar se todos os componentes da aplicação funcionam bem juntos. Ferramentas como Capybara e Selenium podem ser utilizadas para criar testes de interface que simulam interações do usuário.

A implementação de CI/CD em aplicações Ruby on Rails é uma prática fundamental que melhora a eficiência do desenvolvimento, aumenta a qualidade do software e acelera a entrega de novas funcionalidades.

CAPÍTULO 30: MANUTENÇÃO E ATUALIZAÇÃO DE APLICAÇÕES RAILS

Atualização de versões do Ruby e Rails

Manter uma aplicação Ruby on Rails atualizada é fundamental para garantir a segurança, a performance e a acessibilidade a novas funcionalidades. Com o tempo, a tecnologia evolui e as versões do Ruby e do Rails recebem atualizações que muitas vezes incluem melhorias de segurança, correções de bugs e novas funcionalidades que podem otimizar a experiência do desenvolvedor e do usuário. Além disso, versões mais antigas podem ficar desatualizadas em termos de suporte, e bibliotecas que dependem de versões específicas podem não funcionar adequadamente. Portanto, a manutenção contínua é uma parte essencial do ciclo de vida de qualquer aplicação.

1. Por que atualizar?

As atualizações de Ruby e Rails são importantes por várias razões:

- **Segurança:** Atualizações frequentemente incluem correções de vulnerabilidades de segurança. Manter a aplicação atualizada é uma das melhores maneiras de proteger os dados dos usuários e a integridade da aplicação.

- **Desempenho:** Versões mais recentes podem incluir

melhorias de desempenho que podem tornar
sua aplicação mais rápida e responsiva.

- Novas funcionalidades: Atualizações podem trazer novos recursos e melhorias na experiência do desenvolvedor, o que pode resultar em uma aplicação mais rica e interativa.

- **Suporte:** Versões mais antigas podem não ser mais suportadas, o que significa que você não receberá atualizações ou correções para problemas conhecidos.

2. Atualizando o Ruby

Antes de atualizar o Rails, é fundamental garantir que você está utilizando uma versão compatível do Ruby. Aqui estão os passos para atualizar o Ruby:

Verifique a versão atual: Comece verificando a versão atual do Ruby que sua aplicação está utilizando:
bash

```
ruby -v
```

Escolha uma nova versão: Consulte a documentação oficial do Ruby para escolher uma versão estável e compatível com a versão do Rails que você está utilizando.

Atualize o Ruby: Dependendo do seu gerenciador de versões (RVM, rbenv ou asdf), o processo de atualização pode variar. Para RVM, o comando seria:
bash

```
rvm install 3.1.0
```

rvm use 3.1.0 --default

Verifique as dependências: Após a atualização,
execute seu conjunto de testes para garantir que
tudo está funcionando como esperado.

3. Atualizando o Rails

Para atualizar o Rails, o processo é um pouco semelhante
ao de atualização do Ruby. O Rails também tem
uma sequência de versões, e é importante seguir as
diretrizes de atualização que eles fornecem.

Verifique a versão atual do Rails:
bash

rails -v

Atualize a gem do Rails no Gemfile:
ruby

gem 'rails', '~> 7.0'

Altere a versão para a mais recente ou a que você deseja utilizar.

Execute o comando de atualização:
Após atualizar o Gemfile, você deve instalar as novas
dependências:
bash

bundle update rails

Verifique a compatibilidade: Consulte as notas de
lançamento do Rails para identificar mudanças de API ou
comportamento que possam afetar sua aplicação.

Execute os testes: Após a atualização, execute todos os testes da sua aplicação para garantir que tudo funcione corretamente.

Gerenciamento de dependências com Bundler

O Bundler é uma ferramenta essencial para gerenciar as dependências de gemas em uma aplicação Rails. Ele permite que você defina as gemas necessárias em seu Gemfile e gerencia as versões para garantir que as dependências sejam resolvidas corretamente.

1. Atualizando dependências

Quando você atualiza o Ruby ou o Rails, é uma boa prática revisar as dependências do seu projeto. Para atualizar as gemas, siga estes passos:

Verifique o Gemfile: Revise o Gemfile para garantir que todas as gemas necessárias estão listadas e que as versões são compatíveis.

Atualize o Bundler: Certifique-se de que o Bundler está atualizado:
bash

```
gem install bundler
```

Execute o comando de atualização:
Para atualizar todas as gemas, você pode usar:
bash

```
bundle update
```

Esse comando irá atualizar todas as gemas para suas versões mais recentes de acordo com as restrições definidas no Gemfile.

2. Resolvendo conflitos de dependência

Às vezes, ao atualizar dependências, você pode se deparar com conflitos. O Bundler fornecerá mensagens de erro indicando quais gemas estão em conflito.

Verifique as versões: Verifique as versões das gemas no Gemfile.lock e veja se há gemas que não são mais compatíveis com a nova versão do Ruby ou Rails.

Atualize gemas individuais: Se você identificar uma gema específica que está causando o conflito, pode ser útil atualizar apenas essa gema:

bash

bundle update nome_da_gema

Leia a documentação: Consulte a documentação da gema para verificar se há notas de versão que indiquem mudanças ou depreciações.

Melhores práticas para manter aplicações Rails ao longo do tempo

Manter uma aplicação Rails é uma tarefa contínua que envolve várias práticas recomendadas. Aqui estão algumas dicas para garantir que sua aplicação permaneça saudável e fácil de manter ao longo do tempo.

1. Mantenha a documentação atualizada

Documentação é crucial para qualquer projeto. Mantenha a documentação do código, as dependências e as instruções de instalação atualizadas. Isso facilitará o trabalho de novos desenvolvedores que ingressam na equipe e ajudará a evitar confusões.

2. Realize revisões de código regulares

Implemente um processo de revisão de código onde outros membros da equipe possam revisar as alterações antes de serem mescladas. Isso não apenas melhora a qualidade do código, mas também permite que outros membros da equipe aprendam com as decisões de design e implementações.

3. Automatize o máximo possível

Utilize ferramentas de automação para testes, deploy e outras tarefas repetitivas. Isso não apenas economiza tempo, mas também reduz a probabilidade de erros humanos. Ferramentas como GitHub Actions, Travis CI ou CircleCI são ideais para isso.

4. Monitore a performance e os logs

Implemente ferramentas de monitoramento para rastrear a performance da aplicação e capturar logs de erro. Isso permitirá que você responda rapidamente a problemas antes que afetem os usuários. Utilizar soluções como New Relic, Sentry ou Logstash pode facilitar essa tarefa.

5. Planeje atualizações regulares

Estabeleça um cronograma para revisar e atualizar dependências, bibliotecas e versões do Ruby/Rails.

Realizar atualizações regulares ajuda a evitar que a aplicação fique obsoleta e reduz a carga de trabalho associada a atualizações de grande escala.

6. Realize testes abrangentes

Garanta que sua aplicação tenha uma cobertura de testes abrangente. Testes automatizados devem incluir testes unitários, de integração e de sistema. Isso ajuda a identificar rapidamente problemas que podem surgir durante atualizações e garante que o código se comporte conforme o esperado.

7. Refatore o código conforme necessário

À medida que o projeto evolui, é normal que o código se torne mais complexo. Realize refatorações periódicas para melhorar a clareza, a legibilidade e a manutenção do código. Refatorar ajuda a prevenir a deterioração do código ao longo do tempo.

8. Use ferramentas de análise de código

Ferramentas como RuboCop e Brakeman podem ajudar a identificar problemas de estilo e vulnerabilidades de segurança no código. A integração dessas ferramentas no processo de CI/CD pode garantir que os problemas sejam abordados antes que o código seja implantado.

A manutenção e atualização de aplicações Ruby on Rails são fundamentais para garantir a longevidade e a eficiência do software. Com práticas adequadas de atualização, gerenciamento de dependências com Bundler e a adoção de boas práticas de desenvolvimento, você estará preparado para lidar com as atualizações de forma tranquila e eficiente.

As diretrizes apresentadas neste capítulo não apenas ajudam a evitar problemas futuros, mas também garantem que sua aplicação permaneça relevante e competitiva no mercado em constante evolução. Ao seguir essas práticas, você será capaz de manter sua aplicação Ruby on Rails em ótimo estado, proporcionando uma experiência de usuário excepcional e garantindo a satisfação dos desenvolvedores que trabalham no projeto.

Por fim, lembre-se de que a tecnologia está em constante mudança. Manter-se atualizado com as últimas práticas e ferramentas não apenas enriquecerá suas habilidades, mas também tornará você um desenvolvedor mais eficiente e eficaz. A manutenção contínua é um investimento que resulta em produtos de maior qualidade e em um ambiente de desenvolvimento mais sustentável.

CONCLUSÃO FINAL

A jornada de aprendizado e implementação de Ruby on Rails é uma experiência rica e gratificante. Ao longo deste livro, exploramos não apenas a teoria e os fundamentos do framework, mas também mergulhamos em práticas reais de desenvolvimento, gerenciamento de projetos e construção de aplicações robustas. A capacidade do Ruby on Rails de simplificar e agilizar o processo de desenvolvimento web é inegável. Ao concluir esta leitura, você não apenas adquiriu conhecimento, mas também ferramentas valiosas para enfrentar os desafios do desenvolvimento moderno.

Resumo Geral de Cada Capítulo

Prefácio: Apresentação do Livro

O prefácio estabelece a importância do Ruby on Rails no desenvolvimento web moderno, apresentando uma visão geral do conteúdo do livro e direcionando os leitores sobre como navegar pelos capítulos. Ele enfatiza a aplicabilidade do framework e a relevância das tecnologias abordadas.

Capítulo 1: Introdução ao Ruby on Rails

Este capítulo explora a história e evolução do Ruby on Rails, explicando o que é Ruby e por que ele é utilizado com Rails, além de compará-lo com outros frameworks. A introdução estabelece a base para a compreensão das vantagens do Rails no desenvolvimento web.

Capítulo 2: Ambiente de Desenvolvimento

Aqui, discutimos a instalação do Ruby e Rails em diferentes sistemas operacionais e configuramos um ambiente de desenvolvimento eficiente, incluindo ferramentas essenciais como Git e Bundler. Esse capítulo é fundamental para preparar os leitores para a construção de aplicações.

Capítulo 3: Estrutura de uma Aplicação Rails

Este capítulo aborda a arquitetura MVC (Model-View-Controller) em Rails, explicando a função de cada parte e a organização dos arquivos em uma aplicação Rails. Essa estrutura é a base sobre a qual as aplicações Rails são construídas.

Capítulo 4: Iniciando um Projeto Rails

Neste capítulo, os leitores aprendem como criar sua primeira aplicação Rails e gerenciar dependências com o Gemfile. O uso do Rails CLI e seus comandos principais são apresentados, permitindo que os desenvolvedores iniciantes se sintam confiantes ao usar a linha de comando.

Capítulo 5: Models e Banco de Dados em Rails

O foco deste capítulo é na definição de models e na utilização do Active Record para interagir com bancos de dados. Os leitores aprendem sobre migrações e como criar e alterar tabelas, além de entender os relacionamentos entre modelos.

Capítulo 6: Controllers e Actions

Aqui, discutimos como criar e gerenciar controllers em Rails, o ciclo de requisição/resposta e o uso de parâmetros e filtros. Este conhecimento é vital para a manipulação da lógica de negócios e para a interação entre modelos e views.

Capítulo 7: Views e Templates em Rails

O capítulo introduz o uso de ERB (Embedded Ruby) e a criação de layouts e partials. As boas práticas para a organização das views são discutidas, garantindo que os desenvolvedores criem interfaces limpas e eficientes.

Capítulo 8: Active Record Avançado

Este capítulo explora validações, callbacks e consultas avançadas com Active Record. A otimização de queries e o uso de eager loading são abordados, permitindo que os desenvolvedores maximizem o desempenho das interações com o banco de dados.

Capítulo 9: Autenticação e Autorização

Neste capítulo, os leitores aprendem a implementar autenticação usando o Devise e a criar permissões com Pundit. A gestão de usuários e roles é discutida, garantindo a segurança e a funcionalidade adequadas nas aplicações.

Capítulo 10: APIs RESTful com Rails

Este capítulo ensina como criar APIs RESTful, manipulando JSON em controllers e views. A autenticação de APIs com tokens é discutida, preparando os leitores para construir aplicações que interagem com serviços externos.

Capítulo 11: Introdução ao Front-end com Rails

O capítulo apresenta a utilização do Webpacker e a integração de frameworks front-end, como Bootstrap e Vue.js. A gestão de assets, incluindo CSS e JavaScript, é abordada, promovendo um entendimento completo do desenvolvimento full-stack.

Capítulo 12: Testes Automatizados em Rails

Aqui, discutimos a introdução ao TDD (Test Driven Development) com RSpec e a importância de testar models, controllers e views. O uso de factories e mocks em testes é apresentado, destacando a necessidade de um código confiável e testável.

Capítulo 13: Envio de Emails com Rails

Este capítulo cobre a configuração de mailers, criação de templates de email e envio de emails transacionais e de marketing. Os leitores aprendem a implementar uma funcionalidade essencial para a comunicação com usuários.

Capítulo 14: WebSockets e Rails

A introdução ao Action Cable e a implementação de funcionalidades em tempo real, como chat e notificações, são discutidas. Os leitores aprendem a gerenciar conexões WebSocket para criar aplicações interativas.

Capítulo 15: Tarefas Assíncronas e Background Jobs

Aqui, abordamos a configuração de Sidekiq e Active Job, além do enfileiramento de tarefas assíncronas. A otimização de desempenho com jobs em background é discutida, permitindo que os desenvolvedores criem aplicações mais responsivas.

Capítulo 16: Deploy de Aplicações Rails

O capítulo cobre a preparação de uma aplicação para produção e o deploy usando Heroku e serviços em nuvem como AWS. A automação de deploys com Capistrano é apresentada, tornando o processo de implementação mais eficiente.

Capítulo 17: Segurança em Aplicações Rails

Este capítulo aborda como proteger aplicações contra SQL Injection, CSRF e XSS. A configuração de HTTPS e SSL, juntamente com boas práticas de segurança, é discutida para garantir a integridade e a segurança das aplicações.

Capítulo 18: Internacionalização e Localização

Os leitores aprendem a configurar o I18n para suportar múltiplos idiomas e criar traduções. As boas práticas para aplicações multilíngues são discutidas, garantindo acessibilidade para um público global.

Capítulo 19: Performance e Escalabilidade

Este capítulo explora técnicas de caching com Redis e Memcached, identificação e solução de gargalos de performance, além de estratégias para escalar aplicações Rails horizontalmente.

Capítulo 20: Configuração e Gestão de Banco de Dados

O capítulo cobre a configuração de diferentes bancos de dados com Rails, migrações avançadas e manutenção de bancos de dados, além de estratégias para backups e recuperação de dados.

Capítulo 21: Web Scraping com Ruby e Rails

Aqui, os leitores aprendem sobre ferramentas de scraping,

como Nokogiri e HTTParty, e a construção de scrapers eficientes. A gestão e o tratamento de dados coletados são abordados, permitindo extrair informações valiosas de sites.

Capítulo 22: Integração com APIs Externas

Este capítulo ensina a consumir APIs de terceiros com Rails, autenticando com OAuth e integrando serviços como Google e Facebook. O tratamento de erros e dados retornados é discutido para garantir uma experiência robusta.

Capítulo 23: Trabalhando com Upload de Arquivos

A implementação de upload com Active Storage e o armazenamento local e em serviços como AWS S3 são abordados. O processamento de imagens e arquivos é discutido, permitindo que os desenvolvedores gerenciem arquivos com eficiência.

Capítulo 24: Docker e Rails

Este capítulo explora a introdução ao Docker para ambientes Rails, criação de um ambiente Rails containerizado e o deploy de aplicações Rails com Docker, destacando a importância da contêinerização.

Capítulo 25: Monitoração e Logs

O capítulo cobre o monitoramento de aplicações Rails com ferramentas como New Relic, configuração de logs e visualização de erros, além da análise de métricas de desempenho e otimizações.

Capítulo 26: Desenvolvimento Orientado a Componentes

Aqui, discutimos como organizar código em Rails Engines, a separação de funcionalidades em componentes modulares e as vantagens e desafios associados ao uso de Rails Engines.

Capítulo 27: Construção de Marketplaces com Rails

Este capítulo explora a arquitetura para marketplaces e sistemas multi-sided, gerenciamento de pagamentos com Stripe e PayPal, e a gestão de perfis e permissões em marketplaces.

Capítulo 28: E-commerce com Ruby on Rails

O capítulo cobre a construção de sistemas de e-commerce com Spree e Solidus, gestão de produtos, inventários e pagamentos, além da integração com gateways de pagamento.

Capítulo 29: Integração Contínua e Entrega Contínua (CI/CD)

Este capítulo apresenta a implementação de pipelines CI/CD com ferramentas como GitHub Actions, automação de testes e deploys, e melhores práticas para entrega contínua em Rails.

Próximos passos para avançar ainda mais como desenvolvedor Rails

Ao concluir esta jornada de aprendizado sobre Ruby on Rails, você está agora equipado com uma base sólida e um conjunto de habilidades que são essenciais para se tornar um desenvolvedor Rails proficiente. No entanto, o aprendizado nunca para, e há sempre espaço para aprimoramento e crescimento.

Uma das melhores maneiras de avançar é construir projetos próprios. Experimente criar aplicações que resolvam problemas do mundo real ou que atendam a interesses pessoais. Essa prática não apenas solidifica o conhecimento adquirido, mas também proporciona experiências valiosas que você pode compartilhar com a comunidade. Além disso, contribuir para projetos open source pode ser uma excelente maneira de ganhar experiência prática e interagir com outros desenvolvedores.

Aprofundar-se em tópicos avançados, como microserviços, design de APIs e segurança em aplicações web, também pode enriquecer seu conjunto de habilidades. Mantenha-se atualizado com as últimas tendências e tecnologias no ecossistema Ruby on Rails, participe de conferências, webinars e grupos de usuários para se conectar com outros profissionais da área.

Por fim, lembre-se de que o aprendizado é um processo contínuo. Ao longo de sua carreira, você encontrará novos desafios e oportunidades de crescimento. Aborde cada um deles com curiosidade e determinação, e nunca hesite em buscar ajuda ou orientação da comunidade.

Agradeço a você, leitor, por embarcar nesta jornada de aprendizado. Espero que as informações e práticas discutidas ao longo deste livro sejam úteis em sua trajetória como desenvolvedor Ruby on Rails. Boa sorte em suas futuras aventuras no desenvolvimento web!

Atenciosamente,
Diego Rodrigues